KB210132

절망과 실패는
희망과 성공의 어머니

절망과 실패는
희망과 성공의 어머니

지 은 이 | 강덕영
펴 낸 이 | 김원중

편집주간 | 김무정
기   획 | 허석기
편   집 | 손광식
디 자 인 | 옥미향
제   작 | 박준열
관   리 | 차정심, 정혜진
마 케 팅 | 박혜경

초판인쇄 | 2020년 07월 02일
초판발행 | 2020년 07월 08일

출판등록 | 제313-2007-000172(2007.08.29)

펴 낸 곳 | 도서출판 상상나무
           상상바이오(주)
주   소 | 경기도 고양시 덕양구 고양대로 1393 상상빌딩 7층
전   화 | (031) 973-5191
팩   스 | (031) 973-5020
홈페이지 | http://smbooks.com
E - m a i l | ssyc973@hanmail.net

ISBN 979-11-86172-64-3(03230)
값 14,000원

절망과 실패는
희망과 성공의 어머니

강 덕 영 지음

Despair and
failure are
the mother of
hope and
success

상상나무

5년간 이어진 즐겁고 감사한 열매

2016년에 시작된 극동방송 칼럼 '종교인과 신앙인'이 2019년 11월에 이르러 250회를 넘겼습니다. 방송국에서 조촐한 기념행사를 열어 주었습니다. 이날 참으로 감사하고 하나님의 은혜가 크다고 생각했습니다.

저는 기업 CEO로서 사실 신앙생활을 열심히 할 수 있는 환경이 아닐 만큼 바쁩니다. 그런데 매주 방송되는 극동방송 신앙 칼럼이 하나님이 제게 주신 사명을 한눈팔지 않고 열심히 감당하게 만드는 안전장치 역할을 해주고 있습니다. 칼럼을 준비하고 또 매달 한 차례씩 방송국에 가서 녹음하면서 하나님이 기뻐하실 일이 무엇일까를 생각할 수 있기 때문입니다.

저의 방송 칼럼은 보수신앙 색이 너무 강하다고 하는 분도 계시지만 제가 오랫동안 신앙생활을 하며 느끼고 체험하고 부딪친 내용들로 방송되고 있습니다. 이런 점으로 청취자들에게 더 가깝게 다가갈 수 있었고, 그 덕분에 장수 방송이 되지 않았나 생각해 봅니다.

이 책은 극동방송 칼럼 80편을 묶은 1차 칼럼집 『밝은 문화를 세계로』에 이어 2차로 방송된 80편을 다시 추려 묶은 것입니다. 방송 원고 그대로 수록해 읽기가 편하고 다양한 신앙 주제를 다루고 있어 독자들의 신앙생활에 조금이라도 도움이 되었으면 좋겠습니다.

이 칼럼이 방송되는 동안 제가 이사장으로 있는 유나이티드문화재단이 경기도 광주 곤지암에 히스토리캠퍼스를 설립했습니다. 이곳에 기독교 역사박물관과 성경박물관, 실내외공연장, 숙소, 산책로 등이 들어섰고, 그에 따라 이곳이 기독교 문화 공간이자 기독교 정체성을 갖도록 교육하는 공간으로 활용될 것이어서 특별히 감사하게 여기고 있습니다.

급변하는 국내외 환경과 예상치 못했던 팬데믹으로 우리 크리스천들은 신앙의 경각심을 높여 함께 깨어 기도할 때라는 생각이 듭니다. 곳곳에서 나타나는 현상을 보며 요한계시록을 생각하지 않을 수 없습니다. 내게 주신 하나님의 목적과 사명을 잘 깨닫고 늘 성령으로 충만한 여러분과 제가 되었으면 합니다.

방송 진행을 맡고 있는 송옥석 지사장과 방송 원고를 편집해주시는 맹주완 편성국장을 비롯하여 한기봉 극동방송 사장께 감사드리며, 책을 잘 기획해준 상상나무 김원중 사장께도 고마움을 전합니다.

2020년 6월 10일 강덕영

Contents

"너희가 내 말에 거하면 참 내 제자가 되고 진리를 알지니 진리가
너희를 자유케 하리라"(요8:31-32)

삶의 진리를 찾아서

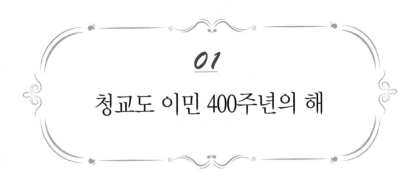

01
청교도 이민 400주년의 해

청교도들은 현대사에서 하나님 말씀에 기초한 가장 빛나는 국가를 세웠습니다. 또 법이 지배하는 사회를 확립했습니다. 재산이나 계급이 높은 사람들이 군림하던 왕정 시대를 마감시키고 법이 그 우위에 서서 사회를 지배하는 데 공헌한 것입니다.

2020년은 영국의 청교도들이 메이플라워호를 타고 미국에 도착한 지 400주년이 되는 해입니다. 그래서 당시 이 배에 탔던 사람들 중 41명의 청교도들이 오늘의 미국을 만드는 데 얼마나 기여했는지를 이야기해 보려고 합니다.

메이플라워호에 탄 청교도들은 배에서 내리기 전 메이플라워 서약을 만들었습니다. 그들은 떠나온 영국이나 국왕과 상관없이 성경의 가르침에 입각해 자체적인 민간 법률과 조례, 헌법과 직책을 만들고 이를 준수할 것을 서약했습니다.

청교도 지도자 존 카버와 윌리엄 브래드포드는 신대륙에 도착해 먼저 7채의 집을 짓고 정착했지만 첫해 겨울에만 많은 인원이 영양실조로 죽고 가져온 씨앗으로 심은 농사도 실패했습니다.

존 카버에 이어 지도자가 된 브래드포드는 궁핍한 가운데서도 음식을 장만해 인디언을 초대해 잔치를 벌이며 하나님께 감사를 드렸고, 이것이 추수감사절의 유래가 되었습니다. 감사할 수 없는 상황에서도 감사를 드린 것입니다.

브래드포드는 33년간 플리머스 주지사로 선출돼 인디언을 보호하고 주민들의 이익을 대변했는데 본인은 아예 급료를 받지 않았다고 합니다. 그의 투철한 봉사 정신과 희생정신은 미국 보수신앙의 바탕이 되었습니다. 자신의 이익을 추구하지 않은 청렴함은 후일 미국 정치 지도자들의 자질을 결정하는 중요한 잣대가 되었습니다.

이러한 청교도 신앙과 정신은 개인의 자유를 중시하며 민주주의와 법치를 존중하는 미국인들의 가치관으로 계속 성장하고 발전했습니다. 후일 이것은 미국 헌법의 기초로 연결됩니다. 청교도들은 이렇게 성경에 기초한 법을 만들고 성도들이 다스리는 사회를 만들어야 한다고 역설한 것입니다. 하나님을 두려워하는 경건한 사람이 통치자가 되어야 한다고 의견을 모았습니다.

그래서 교회 회원에게만 정치 참정권을 주기도 했습니다. 교회 회원이란, 성경적으로 바른 신앙을 고백하며 도덕적으로 흠이 없고, 회심 체험을 한 사람이었습니다. 이런 정치 제도는 많은 항의와 도전을 받기도 했으나 미국의 헌법과 건국의 기본 정신이 된 것은 부인할 수 없는 사실입니다.

또 청교도들은 교육을 중시해 신학교를 많이 세웠습니다. 우리가 아이비리그라고 부르는, 하버드 대학, 예일 대학, 프린스턴 대학, 다트머스 대학 등이 모두 청교도들이 신학교로 먼저 세워 명문대로 발전한 대학들입니다.

이처럼 청교도들은 현대사에서 하나님 말씀에 기초한 가장 빛나는 국가를 세웠습니다. 또 법이 지배하는 사회를 확립했습니다. 재산이나 계급이 높은 사람들이 군림하던 왕정 시대를 마감시키고 법이 그 우위에 서서 사회를 지배하는 데 공헌한 것입니다.

결국 청교도 신앙이 미국 헌법의 기초가 된 것인데 우리 대한민국의 헌법도 이승만 초대 대통령이 미국의 이 헌법을 기초해 제정한 것은 아주 의미심장한 일입니다. 이것은 대한민국 헌법사에 아주 중요한 일이고 아울러 애국가에 '하나님이 보우하사'란 가사가 들어간 것도 그 의미가 남다르게 크다고 하겠습니다.

오늘 한국 교회는 청교도 이민 400주년을 맞아 청교도 신앙의 역사를 되짚어 보며 그분들의 놀라운 믿음과 헌신, 봉사의 자세를 배울 수 있어야 할 것입니다.

감사합니다.

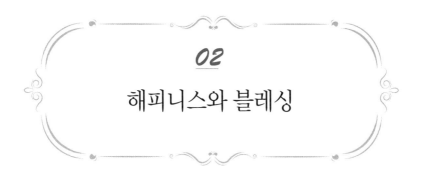

02

해피니스와 블레싱

우리는 하나님의 보호하심으로 온갖 위험에서 벗어났을 때, 그리고 어려운 병으로부터 벗어났을 때 믿음의 증거가 생기게 됩니다. 이 증거가 늘어날 때마다 하나님의 나라와 그 의를 위해 살아야 한다는 다짐이 생기게 됩니다.

오늘은 모든 사람이 추구하는 행복에 대해 이야기하려고 합니다. 행복은 영어로 해피니스(Happiness)입니다. 사람들은 인생을 사는 목적을 행복을 추구하는 것에서 찾습니다. 행복을 위해 돈을 벌고, 행복을 위해 건강을 추구하며, 행복을 위해 명예와 그 밖의 다른 것들을 찾아다니는 것입니다.

그러나 사실 행복은 순식간에 왔다가 금방 사라져 버립니다. 새로운 주택을 구입한 기쁜 감정도 6개월이면 금세 무감각해집니다. 예쁜 여인과 잘생긴 남자를 만나 신혼의 달콤함을 즐겨도 3개월이면 깨소금 맛이 사라진다고들 합니다. 맛있는 음식을 먹고 행복을 느끼는 것은 음식을 먹는 고작 한 시간뿐입니다. 그 어떤 행복도 우리는 영구하게 나만의 것으로 만들지 못합니다.

한편 제가 보기에 불교에서는 인생의 행복에 큰 의미를 두고 있지 않는 것 같습니다. 그래서 허무가 인생의 기본이라는 데에서 불교 철학이 시작됩니다. 솔로몬은 그가 쓴 전도서에서 "본인은 왕으로서 인생의 모든 것을 가지고 모든 지혜로써 세상을 살았으나, 말년에 돌이켜 보니 모든 것이 허무하고 허무하니 결국 모든 것은 허무하다"라고 말했습니다.

솔로몬의 말은 불교의 철학과 유사하나 맨 마지막에는 "그러나 여호와 하나님을 경외하는 것이 허무에서 행복의 길로 인도하는 유일한 길"이라고 다시 긍정적인 결론을 낸 것으로 기억합니다.

여기에서 이야기하는 행복은 해피니스가 아닌 블레싱(Blessing)입니다. 인간이 스스로 찾아 만들어낸 것이 해피니스라면, 신으로부터 받는 참된 행복은 블레싱입니다. 이것만이 영속적이고 오래갈 수 있는 진정한 행복감입니다.

블레싱의 행복은 전적으로 하나님을 의지하고 그분에게 인생을 맡길 때 하나님이 은혜로써 주는 축복입니다. 이것을 그리스도의 평강이라고 합니다. 이 평강은 가장 비천한 자리에서도 받고 가난한 자에게도 주어지며 병든 상태에서도 큰 기쁨으로 우리에게 다가옵니다.

블레싱이 특별한 것은 마음의 고통을 겪는 중에도 이 축복이 우리에게 허락된다는 사실입니다. 저는 사업을 하면서 크고 작은 어려움을 겪었고 진퇴양난의 경우가 많았습니다. 그럴 때엔 전적으로 하나님께 의지하고 맡기면 어려움을 이겨낼 수 있는 그리스도의 평강이 다가오곤 했습니다. 그래서 기업을 경영하면서도 그 많은 스트레스를 이겨낼 수 있었습니다.

우리는 하나님의 보호하심으로 온갖 위험에서 벗어났을 때, 그리고 어려운 병으로부터 벗어났을 때 믿음의 증거가 생기게 됩니다. 이 증거가 늘어날 때마다 하나님의 나라와 그 의를 위해 살아야 한다는 다짐이 생기게 됩니다.

연약한 인간은 하나님의 능력과 임재를 체험하고 용기를 얻다가도 또 한 번 거센 소용돌이가 몰려오면 금방 허물어지기도 합니다. 이런 연약한 믿음에 스스로 무력함을 느끼고 반성하게 되는 경우가 많습니다.

믿음도 내가 의지적으로 이룰 수 있는 부분이 아니기에 내가 가진 달란트와 사명을 잘 깨달아 내 분깃의 역할을 잘할 수 있길 기도해야 합니다. 이때 마음의 안정과 연약함이 사라지는 것을 체험하곤 합니다. 이는 예수님이 말씀하신 팔복 중 하나인 '의에 주리고 목마른 자는 복이 있나니, 그들이 배부를 것'이라는 구절을 생각나게 합니다.

하나님께서 내게 주신 축복인 블레싱은 과연 무엇일까요. 이 블레싱을 마음껏 누릴 수 있는 신앙인은 얼마나 행복할까요. 우리 모두 남은 삶에 '블레싱'이 넘쳐 났으면 합니다.

감사합니다.

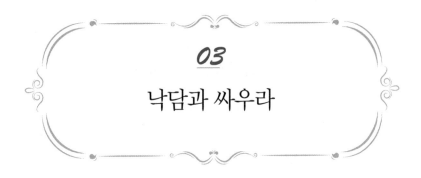

03

낙담과 싸우라

신앙도 타협이 있을 수 없습니다. 구원을 확신하고 성경 말씀
을 확실히 믿는다면 그 가르침대로 반드시 행해야 합니다.

오늘은 우리의 삶에서 우리를 괴롭히고 영적 성장을 방해하는 낙담
을 이겨내야 한다는 말씀을 드리고 싶습니다. 인간은 누구나 살아가
면서 자신이 인생의 패배자가 된 것처럼 느끼는 의기소침함을 경험합니
다. 또 이런 낙담은 전염성이 강해 주위 사람들도 금방 낙담케 만들어
버리곤 합니다. 그래서 다른 사람을 낙담으로 전염시키지 않으려면 어
떻게 해야 할까 생각해 보았습니다.

성경 느헤미야 4장에 낙담을 이겨낼 수 있는 방법이 나옵니다.

당시 느헤미야는 예루살렘 성벽 재건을 진행하고 있었습니다. 처음에
는 예루살렘 군중들이 힘을 모아 주었기에 그 일이 수월하게 진행되는
듯했습니다. 유대인들도 신분의 높고 낮음을 떠나 성벽 재건이 자신들
의 사명이라고 믿고 있었기 때문입니다.

하지만 산발랏의 방해로 성벽 재건 사업은 금방 제동이 걸리고 말았습니다. 산발랏은 유대인들을 향해 '미약한 자들'이라고 비웃으며 여우가 올라가도 무너질 성벽이므로 자신들의 군대 앞에서는 쉽게 쓰러질 것이라고 조롱했습니다. 착취당하고 압박당하며 종처럼 살았던 유대인들은 그 조롱과 비웃음에 금방 기가 죽고 말았습니다. 낙담하며 절망했습니다.

이때 느헤미야는 하나님께 상황을 아뢰고 기도하면서 그것과 싸울 방법을 모색했습니다. 그래서 "우리 하나님이여 들으시옵소서 우리가 업신여김을 당하나이다 원컨대 저희의 욕하는 것으로 자기의 머리에 돌리사 노략거리가 되어 이방에 사로잡히게 하시고"라는 말씀이 성경에 등장합니다.

사람들이 급해지면 빨리 해결책을 찾고 싶은 마음에 인간적인 방법부터 구할 때가 많습니다. 하나님보다 사람의 도움을 청할 때가 많습니다. 그러나 느헤미야는 하나님께 먼저 도움을 구했습니다. 그렇다고 인간이 할 수 있는 일도 하지 않고 하나님의 도움만 구했던 것은 아니었습니다. 파수꾼을 세워 밤낮으로 침입에도 대비했습니다.

낙담을 이기려면 주저앉아 있을 것이 아니라 일어나 맞서서 싸워야 합니다. 느헤미야는 한 손으로는 짐을 나르고, 다른 손으로는 무기를 잡도록 했습니다. 하나님께서 그들의 기도를 들으사 그들이 맞서 싸우는 그 손을 도우시기 때문입니다.

그러므로 우리는 낙담될 때마다 그것을 떨쳐내기 위해 있는 힘껏 저항하며 싸워 물리쳐야 하는 것입니다. 저는 이 상황에서 신앙의 진리를 깨달을 수 있었습니다. 믿고 확신한 일에는 타협이란 있을 수 없다는 것입니다. 신앙도 타협이 있을 수 없습니다. 구원을 확신하고 성경 말씀을 확실히 믿는다면 그 가르침대로 반드시 행해야 합니다.

요즘 주위를 보면 양쪽 발을 세상과 교회에 하나씩 걸치고 적당히 살아가는 기독교인들이 너무나 많습니다. 목사님 설교와 성경 말씀에 옳다고 고개는 끄떡이지만 이것을 삶에 적용하지는 못합니다. 몸과 마음이 따로따로 움직입니다.

우리 모두 성경에서 배우고 확신한 일에 대해서는 어떤 상황에서도 낙담하지 말고 전진함으로 삶에서 또 신앙에서 성공하고 승리하는 모두가 되었으면 합니다.

감사합니다.

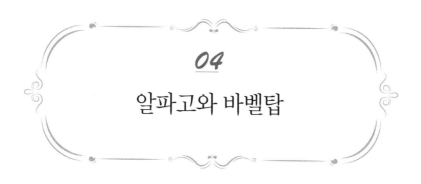

04

알파고와 바벨탑

역사를 주관하시는 분은 하나님이십니다. 이 모든 것을 미리 성경을 통해 알려주셨고, 성경은 하나님의 때가 이르렀다고 말씀하고 계십니다. 그래서 성경은 진실이며 신화가 아니라는 것을 증명하고 있는 것입니다.

오늘은 구약을 배경으로 이야기를 하려고 합니다. 노아의 시대, 당시 땅에는 네피림이 있었고, 하나님의 자식들이 사람의 딸에게서 낳은 자식들이 있었던 것으로 성경에 기록돼 있습니다.

명성이 자자한 용사들인 네피림 후손들은 거인들이었으며 왕과 통치자의 자리에 올랐습니다. 이 거인들이 하나님이 지으신 사람들과 더불어 부패한 문화를 만들었다고 기록되어 있습니다.

이들은 동성애, 우상 숭배, 수간(獸姦) 등 하나님 보시기에 악한 일을 거침없이 행함으로써 하나님을 한탄케 하고 근심케 했습니다. 하나님은 "내가 그들을 땅과 함께 멸하리라"며 홍수를 통해 온 인류를 심판하셨다고 성경은 말합니다. 인간이 아닌 네피림 후손이 하나님의 창조 섭리를 거역하는 일을 하며 하나님의 창조물인 인간들을 지배하고 부패케 한 기록입니다.

사람의 창조물인 알파고라는 기계가 하나님의 창조물인 사람을 능가하는 것을 목격하고 많은 사람들이 충격에 빠져 있습니다. 기계가 주식도 장악하고 돈도 장악하고 의료도 장악하고 우리의 생각도 장악한다면 우리 인간이 할 일은 과연 무엇일까? 그저 무섭다는 생각이 듭니다.

요즘 동성애가 당당한 정체성으로 인지되며 세상 속에서 자신의 모습을 드러내고 있습니다. 인권이라는 이름하에 동성애가 권장되니 종족 보존이 되지 않을지도 모르겠다는 우려가 드는 것은 나만의 생각일지 모르겠습니다.

유럽의 한 나라에서 일어난 일을 뉴스로 보면 노아 시대에 있었던 수간이나 심지어 시체를 이용하는 망측한 행위도 인권이라는 이름으로 요구되고 있다고 하니, 노아 시대와 상황이 비슷하게 진행되고 있는 것을 바라보게 됩니다. 심히 하나님이 근심하실 일이라 여겨집니다.

인간이 만든 최고의 컴퓨터 바둑 기계인 알파고를 보며 "하나님의 거룩한 곳에 말하는 우상이 들어선다"는 성경 말씀이 이해되는 것 같습니다.

구글의 인공지능 개발 회사에서 개발한 알파고가 인공지능 프로그램으로 천재 바둑기사 이세돌을 4:1로 이겨 한국은 물론 전 세계에 엄청난 충격을 몰고 왔습니다. 인공지능이 인간을 지배하는 세상이 올 것이라는 두려움을 갖게 했습니다.

이런 정도의 기술이라면 짐승의 표라고 불리는 베리칩과 유사한 것으로 인간의 생각과 감정을 통제할 수 있는 수단이 머지않아 나올 것 같기도 합니다. 정말 걱정과 우려가 교차했습니다.

인간이 지금 바벨탑을 쌓고 있는 것은 아닐까? 하나님에 대항해 싸우던 니므롯의 모습인 것만 같습니다. 저는 성경 구절 중의 네피림 흔적을 찾아 20여 년 동안 중동지방을 다녔습니다. 이집트 카이로 박물관에서 그 흔적을 찾고 성경의 분명한 역사적 사실과 기록에 얼마나 감탄했는지 모릅니다.

역사를 주관하시는 분은 하나님이십니다. 이 모든 것을 미리 성경을 통해 알려주셨고, 성경은 하나님의 때가 이르렀다고 말씀하고 계십니다. 그래서 성경은 진실이며 신화가 아니라는 것을 증명하고 있는 것입니다.

예전에는 요한계시록을 묵시 문학으로 여겨 그 말씀들을 상징으로만 해석했는데, 오늘날의 알파고를 보면서 계시록을 다시 한번 읽어 보게 되었습니다. 하나님의 말씀이 진실인 것을 깨달으며 마지막 때의 성도로서 준비를 해야겠다는 생각을 하지 않을 수 없었습니다.

마지막 때, 우리는 무엇을 준비할 것인가. 깊이 기도하며 신앙생활을 해야 할 것입니다. 지금이야말로 깨어 기도해야 할 때라고 저는 절실히 생각합니다.

감사합니다.

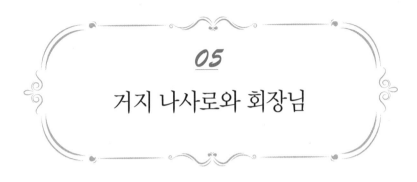

05
거지 나사로와 회장님

거지 나사로는 비록 무능했을지 몰라도 현명했던 사람이었습니다. 반면 부자는 유능했지만 결국 현명하지 못했던 사람이었습니다. 저 역시 이런 점에서 슬기로운 사람이 되고 싶습니다.

오늘은 우리가 성경에서 만나는 거지 나사로를 통해 신앙의 교훈을 얻어보고자 합니다. 성경에는 거지 나사로 이야기가 재미있게 서술되어 있습니다. 거지 나사로는 부잣집 문 앞에서 버려지는 음식물로 평생을 살았지만, 죽은 다음에는 천국에 올라가 아주 행복한 삶을 산다는 이야기입니다.

반대로 부자는 지옥으로 가서 고통을 받습니다. 지옥에서 그는 목이 타니 물을 좀 달라고 청하나 거절당합니다. 또 자신의 고통을 살아 있는 자식들에게 알려달라는 요청마저도 거절당합니다. 살아있는 동안 삶이 아무리 부유했어도 결말이 중요하다는 것을 우리에게 가르칩니다.

오래전 대기업 총수였던 한 분이 많은 직원들과 함께 이동하는 장면을 TV를 통해 보았습니다. 그분은 자수성가하고 수십조 원의 돈을 벌었으나 자녀들 간의 내홍으로 큰 고통을 받고 있었습니다. 아무리 돈이 많아도 그 마지막 노년의 삶을 보면서 인생이 어쩐지 측은해 보였습니다. 돈이 인생의 전부가 아님을 새삼 확인하게 되었습니다.

저는 신입 사원 면접을 보면서 스펙 좋고, 인물 좋고, 영어 잘하는 사람이 얼마나 많은지 무척 놀라곤 합니다. 모두 정말 훌륭한 인재들입니다. 뽑을 인원이 한정돼 있어 너무나 안타깝고 아쉬운 마음이 들곤 합니다.

그러나 막상 직원이 직장에서 할 일을 생각해 보면 어렵게 노력해서 딴 많은 자격증과 스펙은 실제로 중요하지 않습니다. 해외 사업 부문을 뽑을 때에는 영어를 할 줄 알고 인성이 좋은 사람인지만 눈여겨봅니다. 국내 영업 부문을 뽑을 때도 열정을 갖고 있는지가 가장 중요하다고 여겨 이 부분에 점수를 많이 줍니다. 결국 제일 중요한 것은 인성입니다. 이 부분만 면접 시 열심히 챙겨 보려 합니다.

제가 인성을 중요하게 여기는 것은 다른 사람을 배려하는 마음을 직원으로서 가져야 할 제일 큰 덕목으로 보기 때문입니다. 이 인성을 EQ라고 합니다. 많은 지식은 단 몇 년만 지나도 금방 변합니다. 이러한 현상은 특히 경영학에서 더욱 두드러집니다.

하지만 EQ는 지식과는 다른 감성이자 '사람의 능력'입니다. EQ는 감사하는 마음, 사랑하는 마음이며 좋은 인간관계를 이루려는 마음입니다. 화목한 가정생활이나 돈독한 교회 생활 등 여러 사회 활동을 통해 형성된다고 합니다. 또한 좋은 독서를 통해서도 이루어지는데 독서 중에도 성경이 가장 효율적인 지도서라고 이야기하는 학자들이 있습니다.

거지 나사로는 비록 무능했을지 몰라도 현명했던 사람이었습니다.

반면 부자는 유능했지만 결국 현명하지 못했던 사람이었습니다. 저 역시 이런 점에서 슬기로운 사람이 되고 싶습니다.

우리는 사회생활을 하면서 많은 사람을 만나게 되는데, 자신이 아주 똑똑하다고 여기며 으스대는 사람이 결국 나중에 보면 별 볼 일 없이 지내는 것을 보게 됩니다. 오히려 좀 부족해 보여도 자신의 일에 묵묵히 최선을 다하는 사람이 결국 열매를 맺고 성공하는 것을 보게 됩니다. 이는 신앙적인 부분에서도 그대로 적용된다고 봅니다.

크리스천은 하나님께서 동행하는 삶을 살 수 있는 것에 늘 감사해야 합니다. 천국의 소망과 구원의 확신이 있기에 삶을 더 의욕적이고 가치 있게 살아갈 수 있습니다. 인생은 유한하지만 우리의 영혼은 살아 있습니다. 거지 나사로와 부자인 대기업 회장님이 주는 삶의 교훈을 다시 한번 되새겨 봅니다.

감사합니다.

06

건강한 CEO는 신앙이 필요하다

성경의 말씀 속에서 사업의 지혜가 나오고 담대한 결단과 추진 력을 얻기도 합니다. 성경을 통해 하루를 생각하고 계획하고 반 성하면서 또 다른 하루를 설계하기도 합니다.

기업은 뿌리를 내리고 계속 성장할 때 그 존재 가치가 크게 부각됩 니다. 그 이유는 이때 기업이 많은 사람에게 일자리를 제공하고 이로써 가족들에게 생활의 터전을 마련해주기 때문입니다.

이런 면에서 기업은 인격을 갖춘 또 하나의 인격체라고 할 수 있습니 다. 따라서 기업 정신은 기업 문화를 형성합니다. 이는 우리 사회의 건 강을 유지시키고 역사를 움직여나가는 원동력이 된다고 생각합니다. 기업의 육체적 건강이 기업 이익으로 나타난다면 기업의 정신적 건강은 기업의 사명으로 나타난다고 저는 생각합니다.

이런 측면에서 CEO는 배의 항로를 지휘하는 선장과 같은 역할을 한 다고 할 수 있습니다. 이 때문에 CEO의 건강이 바로 기업의 건강과 일 치하는 경우가 많습니다. CEO의 건강은 육체적 건강보다 정신적 건강이 훨씬 중요하다고 봅니다. 그래서 나는 건강을 이야기할 때마다 정신적인 건강을 지나치다 싶을 정도로 강조합니다.

제 경우를 예로 들겠습니다. 저의 정신 건강을 유지하는 방법의 첫째는 기독교 신앙에 기초한다는 것입니다. 정신 건강이 바로 서는 데 신앙은 아주 중요한 요소라고 저는 확신합니다.

이 영적인 건강을 유지하기 위해서는 매일 성경을 읽고 이를 통해 영감과 정신 건강을 고양하게 됩니다. 성경의 말씀 속에서 사업의 지혜가 나오고 담대한 결단과 추진력을 얻기도 합니다. 성경을 통해 하루를 생각하고 계획하고 반성하면서 또 다른 하루를 설계하기도 합니다.

저는 힘들고 고달픈 사업을 해오면서 이런 정신적 지주가 되는 성경 말씀과 의지할 수 있는 하나님이 없었더라면 벌써 사업을 포기하고 말았을지도 모릅니다.

아울러 저는 육체적인 건강을 위해 담배를 안 피우고 술을 거의 마시지 않습니다. 술과 담배는 인간을 노화시키는 유해 활성산소를 만들어 건강을 크게 해칩니다. 몸을 보호해 주는 비타민과 건강식품도 정기적으로 먹고 관리를 잘하고 있습니다.

그리고 헬스클럽에 매일 가서 가벼운 운동이라도 꼭 하려고 합니다. 가끔 골프도 치지만 시간이 아까워 자주 못 하고 있고 충분한 수면을 취하기 위해 노력하고 있습니다. 내 건강은 나만의 것이 아니라 우리 회사의 많은 직원들과도 연결된 것이기에 책임감을 갖고 관리하고 있습니다.

지금도 저는 아침 7시 30분에 일을 시작해 밤늦게까지도 일하는 것이 다반사지만 주변에서는 나에게 항상 힘이 넘쳐 보인다고 말합니다.

이는 건전한 정신이 건강한 육체를 만들고 있기 때문이라고 저는 믿습니다. 하나님께서 나와 함께하시고 지혜와 건강을 주셔서 회사를 잘 이끌어 가도록 힘을 주신다고 믿기에 나오는 것이라고 여겨집니다.

그래서 저는 제가 쓴 신앙 칼럼 여러 곳에서 이미 강조하기도 했지만 예수를 안 믿고 어떻게 회사를 운영할 수 있는지 그것이 신기하다고 역설적인 표현을 하며 주변 CEO들에게 전도를 하곤 했습니다.

우리 몸과 영혼은 하나님이 선물로 주신 귀한 것입니다. 육체를 건강하게 잘 관리하고 영적으로도 건강을 잘 유지하기 위해 노력해야 합니다. 특히 자신의 말과 행동이 주변에 영향을 미치는 사람일수록 책임감을 갖고 관리해야 한다고 생각합니다. 바른 몸과 바른 정신은 건전하고 바른 신앙에서 출발한다고 믿습니다.

감사합니다.

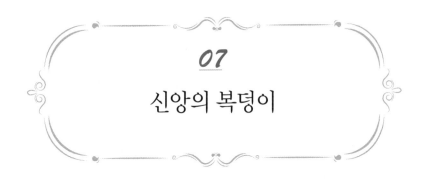

07
신앙의 복덩이

어떤 사람을 만나서 어떤 인연을 맺는가가 정말로 중요한 일이
라 할 수 있습니다. 이 중에서 자신에게 큰 행운을 가져다주는
사람이 바로 복덩이라고 불리는 셈입니다.

제가 어렸을 때의 이야기입니다. 옆집에 사는 아저씨가 막내아들을
낳자 지긋지긋하던 가난이 물러가고 사업이 잘되어 부자가 되었다며
아들 자랑을 수시로 했던 기억이 납니다. 그 당시에 나는 그 아저씨의
아들 자랑이 좀 과하다고 생각했었습니다. 이런 이야기는 요즘에는 별
로 듣기 힘든 것이지만 옛날 어른들에게서는 자주 들을 수 있었습니다.
며느리가 잘 들어와 집안이 잘되었다는 이야기도 했습니다. 이런 이야
기를 듣다 보면 정말 복덩이가 있나 하는 생각도 듭니다.

그런데 이런 경우는 회사도 마찬가지입니다. 한 사람이 입사해 부서
의 능률을 몇 배로 올리는 경우가 많습니다. 반대로 한 사람이 들어와
부서 하나를 완전히 망치는 경우도 흔합니다. 세상에는 좋은 인연 덕
분에 서로가 다 잘되는 경우가 많습니다. 우연히 만난 사람이 인생의

진로를 결정게 해주는 경우도 있습니다.

미국 교민들 사이에는 이런 이야기가 있습니다. 미국으로 처음 이민 오는 사람을 위해 누가 공항으로 마중을 나가느냐에 따라 이민자의 직업이 결정된다는 것입니다. 여행사 직원이 마중 나가면 이민자는 여행사 가이드가 된다고 하고, 식당을 운영하는 친척이 마중 나가면 이민자도 결국 식당일을 직업으로 삼게 된다고 합니다. 고개가 끄떡여지는 말이기도 합니다.

이렇게 보면 어떤 사람을 만나서 어떤 인연을 맺는가가 정말로 중요한 일이라 할 수 있습니다. 이 중에서 자신에게 큰 행운을 가져다주는 사람이 바로 복덩이라고 불리는 셈입니다.

어떤 젊은이가 아버지에게 심한 마음의 상처를 받고 몇 년 동안 고생했는데, 어느 여인을 만나 그 상처가 완전히 치유되고 이제는 목회자가 되어 목회를 잘하고 있다고 합니다. 그리고 아주 화목한 가정을 이끌어가고 있다는데, 그 여인이 그 목회자에게는 복덩이인 셈입니다.

또 어떤 병약한 부인이 있었는데 막내를 낳고는 그간 앓던 잔병이 완전히 치유되어 아주 건강하게 되었다고 자랑합니다. 그리고 남편과 사이도 좋아졌다고 합니다. 미신처럼 여겨지던 복덩이 이야기는 현실 속에서 많은 일화를 낳고 있습니다.

회사를 경영하다 보면 정말 고마운 복덩이들을 많이 만납니다. 학벌이 좋거나 똑똑해서가 아닙니다. 다만, 그가 근무하는 부서는 안정되고 직원들의 이직률도 아주 적어서 회사에 이익을 많이 남겨주는 것입니다. 한 사람의 역할과 능력이 참으로 크다는 것을 느끼게 됩니다.

그런 복덩이가 눈에 잘 띄지 않는 경우가 있습니다. 그 고마움을 모르고 대접도 잘해 주지 못한 채 세월이 흐르는 경우도 많은데, 실상 당사자는 무척 섭섭한 상황이라 할 수 있습니다. 막상 그의 빈자리가 생기고 나서야 고마움이 느껴질 때가 많습니다. '있을 때 잘해 줄걸' 하고 후회하는 경우도 생기게 됩니다.

우리가 쉽게 말하는 이 복덩이를 성경은 어떻게 말씀하고 있는지 찾아보았습니다. 이 주제에 들어맞는 정확한 구절은 창세기 요셉에게서 찾을 수 있었습니다. 요셉이 보디발의 종으로 들어갔을 때 하나님께서는 요셉을 보시고 보디발의 집에 큰 복을 주셨다고 적혀 있습니다. 요셉 덕분에 보디발의 집은 번성했습니다. 그가 지혜롭게 집안일을 보아 큰 성장을 이루게 한 '복덩이'였기 때문입니다.

우리도 가정에서, 회사에서, 또 교회에서 하나님이 기뻐하시는 사람, 신앙의 복덩이가 되고 있는지 한번 살펴보면 좋겠습니다.

감사합니다.

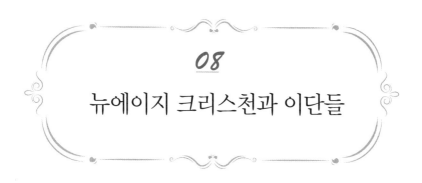

08

뉴에이지 크리스천과 이단들

기성 교회에도 책임이 있고 이를 막지 못한 우리 교인들에게도
큰 책임이 있습니다. 교회는 기도하고 말씀을 듣는 곳입니다.
우선 이 문제를 충족하고 그 밖의 섬김과 봉사가 뒤따라야 한
다고 생각합니다.

오래전 미국의 한 대형 교회에서 스님이 설교를 하고 담임 목사님과
부둥켜안는 모습이 TV를 통해 크게 방영됐습니다. 이를 지켜본 한 교
인은 "감격스럽다"고 말했고, 다른 분은 "모든 종교가 이제 사랑으로
연합한다"고 말했습니다. "이제 기독교도 시야를 넓혀 타 종교와 대화
하고 협력해야 한다"고 말하는 이도 있었습니다.

이런 모습에 여러분은 어떤 생각을 할지 모르겠습니다. 그러나 이 상
황은 심각한 영적 무지에서 비롯된 일이라고 저는 말하고 싶습니다. 이
것이 바로 '뉴에이지'라는 큰 영적 이단의 캐치프레이즈라고 보기 때문
입니다.

뉴에이지는 힌두교에서 유래한 범신론적인 신앙관을 가지고 있으며
그 근본 사상은 진화론과 환생, 윤회 사상을 기초로 한다는 것이 정

설입니다. 점성학, 초월, 명상 등을 포함하는 이교 사상이지만 요즘은 '새 세대 운동'이라는 가면을 쓰고 교회에 들어와 기독교적인 내용으로 탈바꿈해 가르치고 있습니다.

어떤 사람은 이를 통해 성령을 받았다고 하고, 어떤 사람은 하나님의 음성을 듣는다고 주장합니다. 어떤 사람은 신비한 계시를 받았다고도 하고, 어떤 사람은 초자연적인 치유를 이야기하기도 합니다. 그러나 그들의 주장은 성경에 근거하지 않는다는 특징이 있습니다. 뭐든 성경을 바탕으로 하지 않는 것은 이단일 가능성이 높습니다.

보통 이들에게 하나님의 말씀을 꺼내 시험해 보면 완전히 다른, 엉뚱한 대답을 합니다. 성경 말씀을 기초로 하지 않는 초월적인 내용의 이야기는 뉴에이지 신자들이 자주 꺼내는 그들만의 특징이기도 합니다.

우리가 이러한 속임으로부터 보호받기 위해서는 하나님의 말씀인 성경을 확실하게 이해하는 것이 무척 중요합니다. 요즘 교회에서 유행하는 크리스천 명상 그룹을 저는 경계해야 한다고 봅니다. 이곳에 속한 사람들이 바로 뉴에이지 크리스천일 수 있습니다.

이 밖에도 S파, G파, A파 등 무수한 이단 종교 단체들이 있습니다. 진정 불쌍한 것은 교인들입니다. 기성 교회에서 말씀의 갈증을 느껴 다른 곳을 찾다가 이런 종교에 들어간 경우가 많기 때문입니다. 교회가 헌금과 전도만 강조하다 보니 근본적인 구원 문제를 고민하던 중, 성경을 쉽게 풀어 가르쳐 준다는 말에 속아 이런 종교 단체에 넘어간 경우가 대부분입니다.

기성 교회에도 책임이 있고 이를 막지 못한 우리 교인들에게도 큰 책임이 있습니다. 교회는 기도하고 말씀을 듣는 곳입니다. 우선 이 문제를 충족하고 그 밖의 섬김과 봉사가 뒤따라야 한다고 생각합니다.

지금 시대에 모든 종교가 사랑으로 연합해야 한다는 일치 운동이 나타나고 있습니다. 예수님의 절대성을 주장하지 말고 사랑으로 하나가 되자고 합니다. 모든 종교에 구원이 있다는 종교 다원주의를 경계해야 합니다. 하나님을 부인하고, 인간도 하나님과 같이 될 수 있다고 가르칩니다. 모두가 사랑으로 하나가 되어야 한다는 그럴듯한 이론을 내세웁니다.

그러나 진정한 성경적인 사랑은 진리 안에서 그리고 하나님 안에서 연합하는 것을 뜻합니다. 무원칙적이고 감정적인 사랑과 연합이 아닙니다.

갈라디아서는 "하늘의 천사라도 너희에게 전한 복음 이외의 복음을 전하면 저주를 받을 것"이라고 말씀하십니다. 복음 이외의 복음인 자유주의 복음, 죄를 버리고 성화되지 않아도 무조건 믿기만 하면 구원을 받는다는 통속적인 가르침을 우리는 결단코 배격해야 할 것입니다.

사탄이 우는 사자같이 우리를 삼키려 하고 있습니다. 깨어 기도하고 거짓된 이단들에 넘어가지 않도록 오직 말씀을 붙잡길 원합니다.

감사합니다.

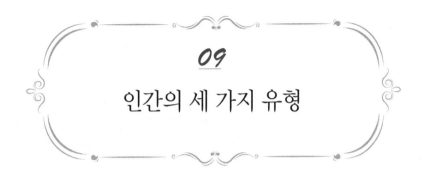

09
인간의 세 가지 유형

우리는 인생에서 보람과 가치를 발견할 때 힘이 솟고 자부심과
긍지를 느끼며 더 열심을 내게 됩니다. 저는 바로 그것이 하나님
이 원하시는 일, 하나님이 기뻐하시는 일을 하는 것이라고 생각
합니다

오늘은 우리가 인생을 살면서 어떤 삶을 사는 것이 진정 가치 있고
보람 있는 것일까를 나누어 보려고 합니다.

찬송가 "나 같은 죄인 살리신", 즉 "Amazing grace"를 모르는 크
리스천은 없을 것입니다. 이 찬송가는 1779년에 존 뉴턴이 작사한 곡
으로 그는 흑인 노예무역에 종사하던 방탕한 인물이었습니다.

22세에 선장이 된 존 뉴턴은 배에 노예를 싣고 가다가 심한 폭풍우
를 만났습니다. 독실한 신앙 가정에서 태어났지만 무신론자였던 그는
절체절명의 상황에서 기도를 드리게 되었고, 그 기도는 응답되었습니
다. 하나님을 만나고 체험했으며 새 생명을 얻은 그는 이 가사를 짓고
목사가 되었습니다.

존 뉴턴은 목회를 하면서 인간을 세 가지 유형으로 분류했습니다.

그리고 이를 설교에 자주 인용했습니다.

첫째는 인생을 기피하는 유형으로 다가오는 현실을 외면하고 적극적으로 또 능동적으로 대처하지 않습니다. 또 남이야 어떻게 되든 말든 자신만 잘되면 된다는 이기적인 유형입니다. 욕심을 갖고 기회주의적으로 사는 사람을 말합니다.

둘째는 달려가는 말에 올라타서 목에 매달려 있는 유형입니다. 이런 사람은 말에서 떨어지는 것이 두려워 말의 목을 꼭 붙들고 있기 때문에 다른 데에는 전혀 신경을 쓰지 못합니다. 자신의 의지대로 움직이는 것이 아니라 말이 달려가는 대로 끌려다니는 종속적인 불쌍한 유형입니다.

셋째는 창조주 하나님께 자신의 전부를 의탁하고 하나님께서 지시하는 대로 충성하는 유형입니다. 성경 말씀에 의지하고 그 가르침에 순종하며 하나님이 자신에게 주신 사명이 무엇인지 잘 깨달아 이를 실천하는 사람입니다. 성경의 가르침을 삶의 기반으로 삼는 사람을 말합니다.

저는 인간의 오랜 역사를 되돌아볼 때 인류의 발전과 놀라운 역사는 결국 이 세 번째 유형의 사람들에 의해 이룩되어 온 것을 발견합니다. 왜냐하면 하나님께서는 이런 사람들과 분명히 함께하시기 때문입니다. 여기에 하나님은 지혜와 능력과 필요한 물질도 주십니다. 꼭 필요한 사람들을 보내주시기도 합니다.

여러분은 크리스천으로서 어떤 유형의 사람이 되고 싶으신가요? 여러분도 다 마찬가지겠지만 저도 이 세 번째 유형의 사람이 되고 싶습니다. 이를 위해 제 나름대로 열심히 살아온다곤 했는데, 앞으로 더 그렇게 살겠다고 다짐해 봅니다. 다만 이것을 지켜갈 수 있는 믿음이 유지될 수 있기를 간절히 기도합니다.

우리는 인생에서 보람과 가치를 발견할 때 힘이 솟고 자부심과 긍지를 느끼며 더 열심을 내게 됩니다. 저는 바로 그것이 하나님이 원하시는 일, 하나님이 기뻐하시는 일을 하는 것이라고 생각합니다. 또 이것이 주는 만족과 기쁨은 그 어느 것과도 비교할 수 없는 만큼 귀한 것임을 경험하곤 합니다.

세상이 주는 기쁨과 만족은 하나님이 주시는 가치와 은혜의 만족보다 이 현실 세상에선 더 클지 모릅니다. 그러나 이것이 영원한 천국에서는 비교할 수 없을 정도의 가치로 바뀐다는 것을 기억하며 하루하루 승리하는 우리 모두가 되었으면 합니다.

감사합니다.

10
절망과 실패는 희망과 성공의 어머니

지금 우리가 해야 할 일은 무엇일까요. 우리가 할 일은 절망을 이겨내고 희망을 잃지 않고 인내하며 실패와 절망을 거울삼는 것입니다. 회개하고 기도하면 하나님이 우리를 선한 길로 인도해주실 것이라 확신합니다.

며칠 전 평소 존경하는 목사님과 오랜만에 안부 전화를 나누었습니다. 목사님은 큰 무릎 수술을 받고도 매주 광화문 집회에 참석해 나라를 위해 기도하면서 열심히 애국 운동을 펼치시는 분입니다. 그런데 목사님이 요즘은 신문도 TV도 안 보고 나라를 위해 기도만 드리고 있다고 하시는데 마음 한편이 안타까우면서도 뭉클했습니다.

아울러 목사님은 최근 마이크로소프트 창업자인 빌 게이츠가 한 말 때문에 아주 심란하다고 했습니다. 빌 게이츠가 백신 개발과 함께 인체 머리에 작은 칩을 심어 클라우드에서 통제하는 시스템을 완료했다는 언론 보도를 보았다고 합니다. 목사님은 이것이 바로 우리를 통제하고 인간의 존엄을 없애는 베리칩이자 성경에서 말하는 '666 짐승의 표'일 수도 있다는 의견을 주셨습니다.

그 말씀을 듣고 보니 정말 우리가 지금 성경이 말하는, 말세지말의 절망스러운 환경 가운데 살고 있는 것이 아닌지 곰곰이 생각해 보았습니다. 저 역시도 여기에 아무런 대책도 대안도 없이 그저 좌절하고 주저앉은 채 돌아오는 환경을 맞이할 것인가 하는 생각이 들어 마음이 몹시 답답했습니다.

또 어제는 동성애 반대에 앞장선 이유로 10여 건이나 고발을 당한 병원 원장님과 대화할 기회가 있었습니다. 본인은 동성애가 하나님의 창조 질서를 어지럽히고 있고 이로 인해 가정이 깨지고 에이즈가 창궐하기에 사명감을 가지고 이 반대 사역을 펼치고 있다고 했습니다. 그래서 하나님께 기도하면서 유튜브를 통해 동성애 반대 계몽운동도 하고 있다고 설명했습니다.

최근 보수 교단의 대표적인 신학교에서 동성애 문제 강의를 하다 해임당한 교수님 이야기가 화제에 올랐는데 신학대학에서 어떻게 이럴 수 있느냐고 눈시울을 적시는 모습을 보면서 저도 마음이 아팠습니다. 더욱이 그 신학교가 자신을 고발했다고 합니다.

동성애 문제는 한국 교회가 반드시 선을 그어 정리해야 할 사안입니다. 목회자 중에도 동성애자가 있고 제법 많은 목회자가 이 문제에 중립이라고 하는 이야기도 들립니다. 교회가 선교와 전도, 구원에만 중점을 둘 것이 아니라 성경이 엄격하게 금하고 있고 죄라고 칭한 동성애 문제에 정확하고 바른 목소리를 낼 수 있어야 할 것입니다.

나는 오랜 기업 활동을 통해 좌절과 실패를 겪었고 지금도 겪으며 지내고 있습니다. 기업가는 늘 결단해야 하고 고민과 실패를 해결하고 또 경쟁해야 하는 일의 연속에 놓여 있습니다. 그러나 저는 실패를 통해 늘 새로운 능력이 생겼기에 웬만한 시련은 별로 신경을 안 씁니다. 덤덤히 여기면서 평강을 찾는데, 여기에다 쉽게 대안을 생각하는 능력까지 갖게 돼 오히려 감사합니다.

실패와 좌절이 나쁘지만은 않습니다. 그것이 끝난 후 면역이 생기고 근력이 생기는 데다가 다음에는 더 주의하게 되고 그래서 성공할 가능성이 점점 더 많아지리라 여겨지기 때문입니다. 실패는 성공의 어머니라는 옛 속담처럼 좌절하지 말고 희망만 가지면 성공할 수 있다고 믿습니다.

문제는 희망을 잃지 않고 꾸준히 인내하는 것이 중요하다는 사실입니다. 하나님께서는 사랑하는 사람에게 연단을 주시어 99% 순금으로 만들기를 원하신다고 믿습니다. 다윗 임금도 시련과 절망과 실패를 통해서 정말 하나님이 기뻐하는 임금으로 탈바꿈했습니다. 대한민국도 가난했고 무지했던 나라였지만 내한 선교사들을 통해 크게 발전했고 6·25를 통해 단련되어 오늘날 세계 G7에 들어가는 나라가 되었습니다.

지금 우리가 해야 할 일은 무엇일까요. 우리가 할 일은 절망을 이겨내고 희망을 잃지 않고 인내하며 실패와 절망을 거울삼는 것입니다. 회개하고 기도하면 하나님이 우리를 선한 길로 인도해주실 것이라 확신합니다. 우리는 하나님이 대한민국과 우리를 질병과 전쟁으로부터 지켜 주실 것이라 믿으며 계속 기도의 끈을 늦추지 않아야 할 것입니다.

감사합니다.

"복 있는 사람은 악인들의 꾀를 따르지 아니하며 죄인들의 길에 서지 아니하며 오만한 자들의 자리에 앉지 아니하고 오직 여호와의 율법을 즐거워하여 그의 율법을 주야로 묵상하는도다"(시1:1-2)

성경으로 돌아가자

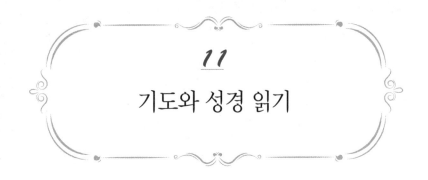

11

기도와 성경 읽기

하나님의 말씀은 생명력이 있습니다. 우리에게 무한한 힘과 용기를 주고 자신감을 선사합니다. 가라앉은 심령이 소생하고 고통 속의 마음이 큰 위로를 얻습니다.

우리 기독교인의 신앙생활에서 가장 중요한 것은 무엇일까 생각하다 그것은 바로 기도와 성경 읽기라는 생각이 들었습니다. 오늘은 이에 관해 이야기를 하려고 합니다.

저는 오랜 기간 장로교인으로 살면서 단 한 번도 교회를 떠나 생활한 적이 없습니다. 저처럼 모태신앙을 가진 사람들은 신앙생활이 삶의 일부분으로 자리 잡아 뜨겁지는 않더라도 본질은 변하지 않습니다. 어려운 일을 당할수록 신앙의 좌표를 잃지 않는다는 장점이 있다고 생각합니다.

기독교인에게 기도는 생활입니다. 기도가 지금 당장은 이루어지지 않더라도, 세월이 흐르면서 차례차례 이뤄져 간다는 사실을 제 삶 속에서 늘 확인하곤 합니다. 열심 있는 기도는 기도한 것보다 더 큰 열매로 돌아온다는 것을 자주 느끼게 됩니다. 조용히 하나님께 구하면 결국은 어떤 경로를 통하든지 이루어주시는 것을 체험하곤 합니다.

그래서 기도는 밀알이 썩어 언젠가 백 배, 천 배의 열매를 맺는 것과 같다는 생각을 합니다. 조급하게 생각하지 말고 기다리면 어느 틈엔가 하나님의 손길이 곁에 와 계심을 느낄 수 있습니다.

저는 제가 드리는 기도가 주님의 뜻에 합당하다면 들어달라고 기도합니다. 그래서 우리의 기도가 우리의 개인적인 기복신앙이 되지 않게 해 주시고 종국적으로 주의 나라와 그 의를 구할 수 있길 기도하곤 합니다.

우리는 개인의 욕심에서 나오는 기도는 가려야 할 것입니다. 우리의 기도가 많은 이들을 이롭게 하고 하나님께 영광이 될 수 있길 간구해야 할 것입니다. 간절한 기도는 하늘 보좌를 움직이고 밀알과 같이 수백 배의 열매를 맺게 해 주신다는 사실을 저는 분명히 믿습니다.

기도 생활을 충실히 하면 성경 말씀을 늘 가까이 읽고 묵상하는 가운데 더 깊은 영적 세계로 들어가게 된다고 생각합니다. 그래서 저는 크리스천은 성경을 늘 읽어 지혜를 얻고 이를 통해 항상 바른 판단을 할 수 있다고 여깁니다.

제 경우 성경을 읽으면서 감동이 있고 가슴에 와 닿는 부분이 참 많았습니다. 이해가 안 되면 몇 달씩 고민하면서 한 구절 한 구절 주석과 참고 서적을 참고해 읽었습니다. 그리고 마침내 성령께서 깨닫게 하셨을 때, 그 감동이 너무나 커서 성경 공부를 게을리 할 수가 없었다는 것이 저의 고백입니다.

하나님의 말씀은 생명력이 있습니다. 우리에게 무한한 힘과 용기를 주고 자신감을 선사합니다. 가라앉은 심령이 소생하고 고통 속의 마음이 큰 위로를 얻습니다.

인생의 풀리지 않는 의문과 문제 해결의 정답이 모두 성경에 있습니다. 저는 어떤 신앙 칼럼을 읽다가 성경이 인간의 사용 설명서라는 말에 큰 은혜를 받았습니다. 전자제품에 사용 설명서가 들어 있듯이 하나님이 인간을 만드시고 그 사용 설명서인 성경을 주셨는데 인간이 아둔하게도 그 사용 설명서대로 살지 않고 있다는 내용이었습니다.

결론적으로 하나님은 인간에게 기도와 말씀이라는 두 가지 큰 선물을 주셨습니다. 이 선물을 내 것으로 사용하느냐 안 하느냐는 결국 나의 몫입니다. 여러분도 기도와 말씀, 이 두 가지 선물을 통해 하나님이 내게 허락하신 분깃을 잘 찾으시기 바랍니다. 이 모든 것을 통해 하나님을 기쁘시게 하고 그분께 영광을 올려드리시길 원합니다. 그래서 삶과 신앙, 두 마리 토끼를 다 잡는 성공적인 크리스천이 되시길 기원합니다.

감사합니다.

12

성경을 통해 배운다

성경은 진정한 구원에 이르는 지혜가 있게 한다는 말씀이 생각
났습니다. 성경은 내용 그대로 받아들이고 이해하고 믿고 지켜
야 하는 것이 당연합니다.

오늘은 우리 크리스천들이 성경 중심의 삶을 사는 것이 가장 중요하
고 필요하다는 이야기를 하려고 합니다.

어렸을 때 주일학교를 다닌 분들은 재미있게 성경 이야기를 접했을
것입니다. 하나님이 세상을 창조하신 이야기, 노아의 방주 이야기, 사
자 굴의 다니엘, 다윗과 골리앗 이야기 등등 참으로 많습니다.

그런데 이런 사건들을 두고 크리스천인데도 많은 이들이 사실인지
아니면 설화이거나 사람이 만든 이야기인지를 고민하는 경우를 많이
보았습니다. 저 역시도 이런 고민을 했던 것이 사실입니다. 제 나름대로
신학 서적도 읽고 성경에 대해 공부한 뒤에야 그 이야기들이 사실이라
고 확신하게 되었습니다.

하나님께서 하나님의 사람을 도구로 사용해 사람을 감동시켜 기록

하게 한 것이 바로 성경입니다. 이런 관점에서 성경이 시사하는 바는 매우 큽니다. 성경을 받아들이는 자세는 결국 모든 사람의 믿음의 문제입니다. 사도 바울은 성경을 다음과 같이 정의하고 있습니다.

"모든 성경은 하나님의 감동으로 된 것으로 교훈과 책망과 바르게 함과 의로 교육하기에 유익하니 이는 하나님의 사람으로 온전케 하며 모든 선한 일로 행하기에 온전케 함이니라."

아주 오래전 한 목사님께서 행한 세미나 설교를 들었는데, 신약의 고린도전서, 로마서 등이 그저 바울의 편지에 불과하다고 말씀하셨습니다. 더구나 그 목사님이 이 바울의 편지를 하나님의 말씀으로 바꿔서 성도들에게 전하는 것이 목사의 설교라고 이야기하는 것에 깜짝 놀랐습니다.

성경이 바로 하나님의 말씀이고 목회자는 하나님의 말씀을 전하는 사람이라고 생각하고 있던 저로서는 너무나 충격적인 일이기도 했습니다. 목사님의 설교가 성경보다 더 위에 있다면 참으로 위험한 생각이 아닐 수 없습니다. 이런 이유로 많은 교파가 생기고 이단이 생기는 것이 아닌가 여겨집니다.

성경은 진정한 구원에 이르는 지혜가 있게 한다는 말씀이 생각났습니다. 성경은 내용 그대로 받아들이고 이해하고 믿고 지켜야 하는 것이 당연합니다.

이스라엘 광야를 여행한 적이 있습니다. 정말 뜨거운 햇볕과 열기는 단 10분도 견디기 어려웠습니다. 풀 한 포기 보기 어렵고 물도 없는데 어떻게 40년 동안 이곳에서 지냈는지 구름기둥과 불기둥, 만나 등 성경 속의 신비가 저절로 이해되었습니다.

성경은 하나님의 말씀이라고 확신하고 믿으면 성령이 주시는 지혜로 성경의 어떤 어려운 구절도 깊은 깨달음으로 해석되는 경우를 경험하곤 합니다. 성경은 성령이 가르쳐 주시고 해석해 주신다는 성경 말씀의 뜻을 이제야 잘 이해할 수 있게 되었습니다.

제 경우 성경을 이해하려고 성지를 여러 차례 다녔고 성서고고학에도 관심을 가지게 되다 보니 경기도 광주에 성경박물관 개관을 준비하게 되었습니다. 이 박물관은 성경 신구약의 역사를 한눈에 보고 성경의 기본 진리와 역사를 이해할 수 있도록 꾸몄습니다. 더구나 성서고고학 유물을 40년간이나 모으신 원용국 박사님께서 이를 다 기증해 주셔서 정말 성경을 폭넓게 공부할 수 있는 공간이 되고 있습니다.

성경이 일점일획도 변함없는 하나님의 말씀이고 성경의 내용 역시 하나님의 섭리로 이뤄진 역사적 사실임을 증명하는 공간으로 열심히 준비하고 있습니다. 우리 모두 성경을 통해 인격이 변화하고 우리의 삶 전체가 성경 중심이 되었으면 합니다.

감사합니다.

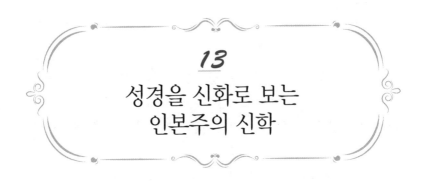

13
성경을 신화로 보는
인본주의 신학

인본주의 신학은 결국 성경을 사실이 아니며 교훈 정도로 받아
들이는 참고용 책으로 전락하게 만들었습니다. 그리고 이러한
세속화는 지금도 안타깝게 계속 진행되고 있습니다.

오늘은 우리 신앙인들조차도 성경의 무오성, 즉 성경이 참된 진리인
것을 깨닫지 못하는 사람들이 많은 것 같아 이 이야기를 해보려고 합
니다.

16세기 이후 기독교는 하나님 중심의 신학에서 인간 기준의 신학으
로 많이 바뀌었습니다. 이전에는 인간의 모든 가치 기준이 하나님이었
고, 인간에게는 하나님을 따르고 말씀을 지키려는 노력이 신앙생활의
전부였습니다. 진리의 지침서, 성경이 있었기에 모든 기준을 여기에 맞
추었습니다.

그러나 르네상스가 시작되면서 철학사조는 이성주의, 인본주의로 바
뀌었고, 신학 또한 성경 내용 중 인간의 이성에 맞는 것만 믿는 인본주
의 신학이 탄생했습니다. 기독교 형태 또한 세속화되어 현지 민족의 무

속 종교와 연합되는 경향을 띠었고 일부는 혼합 종교의 형태를 나타내기도 했습니다. 또 기독교 국가들이 식민지 지배와 함께 세계 여러 나라에 기독교를 전했지만 오히려 이것이 저항을 불러일으켰고 그 틈을 이슬람이 파고들었습니다.

인본주의 신학의 핵심은 성경이 역사적인 사실인가 아닌가로 판단하는 것입니다. 이 성경관은 독일 신학자들에게서부터 번성하기 시작했고, 그 영향으로 절대 권위였던 성경, 즉 하나님의 말씀이 인간의 잣대로 평가되기 시작했습니다.

성경에서 역사적 이성적으로 보아 사실이 아니라고 판단되는 부분을 신화로 규정하고 하나님과 성경의 권위를 떨어뜨렸습니다. 그 결과 기독교는 독일부터 무너져 갔고 유럽도 이 영향을 받아 기독교가 사양화되기 시작했습니다. 많은 교회가 레스토랑이나 술집 등에 매각되는 현상이 나타난 것을 저 역시 유럽을 여행하며 많이 목격했습니다.

인본주의 신학은 결국 성경을 사실이 아니며 교훈 정도로 받아들이는 참고용 책으로 전락하게 만들었습니다. 그리고 이러한 세속화는 지금도 안타깝게 계속 진행되고 있습니다.

미국도 마찬가지입니다. 아름다움으로 자랑하던 로스앤젤레스의 수정교회, 즉 크리스털 처치가 수많은 관광객들이 찾는 명소로 번성하다 경매로 넘어간 뒤 가톨릭교회에 매각되고 말았습니다. 정통 복음주의 신학의 본산이었던 미국에도 인본주의 신학이 많이 파고들었습니다.

성경의 무오설을 믿고 예수 그리스도만이 유일한 구원이라 말하는 정통 기독교 교인이 오히려 고집스러운 신앙인으로 간주되는 시대가 되었습니다. 우리는 예수님만이 유일한 구원의 길이라고 믿습니다. 그런데 목회자들조차 이 부분에 대해 확신하지 않는다면 한국 교회의 미래는 너무나 암담합니다.

저는 아직 대한민국에 희망이 있다고 믿습니다. 한국의 보수교단들은 성경을 하나님 말씀으로 굳게 믿으며, 아울러 구원에 이르는 유일한 길 역시 예수 그리스도라고 믿고 있기 때문입니다. 이 성경을 수호하는 그루터기가 한국이 되어야 합니다. 성경을 하나님 말씀으로 믿고 하나님의 주권을 인정하는 정통신앙을 꼭 지켜 나갔으면 합니다. 그래서 성경을 더 공부하고 더욱더 기도하자고 한국 교회에 외치고 싶습니다.

지금 우리는 "세대가 악하다"는 성경 말씀을 기억해야 하는 시대에 살고 있습니다. 역사를 주관하시는 분은 오직 하나님이십니다. 우리가 굳건한 정통신앙으로 잘 무장돼 있다면 어떠한 세속주의적이고 인본주의적인 신학이 밀고 들어오더라도 걱정하지 않습니다. 반드시 이를 물리치고 믿음으로 우뚝 설 수 있을 것이라 믿기 때문입니다.

감사합니다.

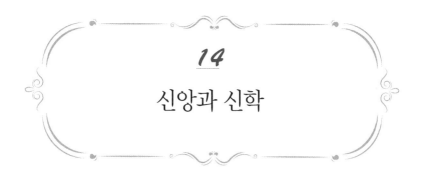

14
신앙과 신학

모든 이단과 나쁜 신학에 빠지지 않으려면 모든 것의 기준이 되는 것은 성경이고 성경을 압축 요약해 놓은 것이 사도신경 고백서라는 사실을 잊지 말아야 합니다. 사도신경에서 고백하는 것 이외의 가르침이 있다면 목회자의 신학을 한 번 더 생각해 보아야 한다고 생각합니다.

몇 년 전 한국의 저명한 신학자와 이야기를 나누던 중 크게 놀랄 만한 이야기를 들었습니다. 한국의 유명한 신학교에서 강의했던 일화라고 하는데 정말 그랬을까 의아해하지 않을 수 없었습니다.

그 교수님이 강의 시간에 예수님이 성령으로 잉태되었다고 말했고 예수님의 기적에 대해 상세히 강의를 했는데 신학생들의 반응이 아주 의외였다고 합니다. 더구나 그리스도 이외에는 구원이 없다고 강의하자 갑자기 분위기가 썰렁해졌다고 합니다.

신학교에서 당연히 받아들여야 할 내용인데 왜 신학생들의 반응과 분위기가 그토록 어색해졌는지 이해되지 않았다고 합니다. 그 후로 어떤 특강 요청도 그 신학교에서 받지 못했다고 하면서 뒤에서 들려오는 소리는 아직도 저런 신학을 강의하는 교수가 있냐는 것이었다고 합니다.

이에 너무나도 큰 충격을 받았다는 그 교수님은 예수 그리스도 이외에 구원이 없다는 신학은 이제 신학생들에게 좀 과장하면 구닥다리 신학이 되었다는 이야기를 들려주었습니다.

또 몇 해 전에 일어난 일입니다. 어느 중형 교회 목사님과 식사를 하는 자리가 있었습니다. 목사님이 무슨 부탁을 하려고 약속을 잡았는데 목사님 옷차림이 흰 바지에 어울리지 않는 것이어서 다소 의아했습니다. 그래도 재미있게 이야기하다가 동성애 이야기가 주제로 나왔습니다.

그런데 목사님이 동성애자가 너무 불쌍하다고 언성을 높여 이야기해서 좀 기분이 상했습니다. 그래서 제가 단도직입적으로 물었습니다. 목사님에게 성경에서 동성애가 동정의 대상인지 아니면 금기해야 될 일인지 말씀해 달라고 이야기했습니다. 성경은 분명히 잘못된 죄라고 말씀하는데 어째서 동성애를 긍정적으로 이야기하는지 모르겠다고 제가 이야기했습니다.

그러자 목사님은 크게 언성을 높이면서 동성애가 뭐가 문제냐고 재차 물었습니다. 저 역시 목사님이 하나님의 종이 맞느냐고 물었고 언쟁이 심해져 불쾌하게 대화를 끝내고 말았습니다. 당시 목사님의 옷차림과 화장기 있는 얼굴을 보면서 이분도 혹시 동성애 목사가 아닐까 하고 추측하게 되었습니다.

신앙과 신학은 별개입니다. 신학은 성경을 알기 쉽게 가르쳐주는 가정교사입니다. 그런데 그 가정교사의 됨됨이가 나쁘면 엉뚱한 교육을 받게 됩니다. 예를 들면 어느 고등학교에서 전교조 선생님이 가르친 것을 학생들이 반발해서 문제가 된 것과 똑같습니다.

신학 중에 퀴어신학이라는 것이 있습니다. 이 신학은 예수님과 제자들을 모두 동성애자라고 이야기하고 가르칩니다. 또 민중신학이라는 것도 있습니다. 그 관점에 따라 불쌍한 민중을 위한 예수님을 사회운동가로 가르칩니다. 또 자유신학에서는 성경에서 이성으로 믿을 수 있는 것만 믿고 못 믿을 것은 신화나 설화라고 이야기합니다.

그리고 예수 이외에 불교, 도교, 이슬람, 무당도 구원에 이를 수 있다고 주장하는 신학도 있습니다. 신앙인으로서는 도저히 납득하기 어려운 신학입니다. 그러므로 신학이 엉뚱한 것을 가르치기 전에 우리가 주의해야 합니다.

한번은 가까운 장로 한 분이 신학교에 입학하여 뜨거운 신앙으로 신학을 시작했는데 일 년 후 신앙의 불길이 신학에 의해 꺼졌다고 이야기했습니다. 신학이 신앙의 불길을 끄는 소방수 역할을 해서 신학교를 중퇴했다고 합니다.

모든 이단과 나쁜 신학에 빠지지 않으려면 모든 것의 기준이 되는 것은 성경이고 성경을 압축 요약해 놓은 것이 사도신경 고백서라는 사실을 잊지 말아야 합니다. 사도신경에서 고백하는 것 이외의 가르침이 있다면 목회자의 신학을 한 번 더 생각해 보아야 한다고 생각합니다. 신앙의 기본은 신학보다 성경이며, 그 성경의 압축본이 사도신경입니다.

감사합니다.

15

성경이 금서로 지정됐던 역사

종교가 권력과 결탁할 때 부패로 이어지고 그 결과 수많은 사
람들을 구원이 아닌 타락과 절망으로 몰고 가게 된다는 사실
을 역사적 교훈으로 삼아야 할 것입니다.

크리스천들의 경전이자 하나님의 말씀인 성경에 대한 이야기를 하려
고 합니다. 로마의 콘스탄티누스 대제가 AD 313년에 기독교로 개종
한 사건은 당시 박해를 받던 기독교인들에게 엄청난 변화를 가져왔습
니다. 그동안 핍박을 당하던 교회 지도자들이 황제의 인정을 받고 후
한 봉급까지 받게 되니 이교도 사제들도 기독교로 함께 개종하게 됩니
다. 그러나 이 사제들의 개종은 시대의 흐름에 의한 형식적 개종이었고
마음의 변화에 따른 실제적인 개종은 아니었습니다.

그들은 예전에 가진 다신교의 사상과 가치를 버리지 않았고 따라서
이들의 생각이 기독교에 유입되자 초대 교회의 신실한 성도들은 크게
실망하고 일부는 교회를 떠나기도 했습니다.

로마 교회는 상황이 심각해지자 요한계시록을 읽지 못하게 했으며

읽는 이들을 박해했습니다. 로마 교회는 처음엔 성경 모두를 금서로 정하지 않았고 교리와 신조를 교인들에게 교육했습니다. 또한 사제 중심의 교회로 구조 개편을 하기 위해 성례주의를 강조했습니다.

여기에 프랑스 리용에 살던 부자 피터 왈드가 등장합니다. 그는 오직 성경대로 믿고 살자고 주장하는 운동을 전개했습니다. 교회의 부정, 부패의 원인은 말씀에 대한 무지에서 기인한다고 생각한 그는 자신의 모든 재산을 아낌없이 팔아 성경을 번역하고 보급하는 데 인생을 걸었습니다.

피터 왈드를 따르는 무리가 점점 많아지면서 이에 크게 위협을 느낀 천주교회는 1229년 발렌시아 공의회에서 회의를 열어 왈도파를 이단으로 정죄했고 결국 성경을 평신도나 하층 성직자가 읽을 수 없도록 금서로 지정해 버리고 말았습니다.

그래서 13세기 후의 성도들은 성경 없이 기독교를 믿어야 하는 무지가 횡행했고 따라서 성자숭배나 성물숭배 같은 미신이 판치는 사회가 되었습니다. 왈도파는 계속 박해를 받았고, 결국 약 100만 명이 순교를 당하는 역사적인 큰 사건이 벌어졌습니다.

왈도의 신앙 사상은 성경으로 돌아가 그리스도를 신앙의 중심으로 삼고 사도의 교훈을 따르자는 것이 핵심입니다. 또 설교하는 것을 의무로 삼고 연옥과 같은 교리, 죽은 자를 위한 기도, 미사를 부정했습니다. 이 영향은 충성스러움, 깨끗한 마음, 성경에 대한 순종으로 뒤에 이어진 후스파의 길을 닦아준 셈이 됐습니다. 또 마르틴 루터가 일으킨 종교 개혁의 선봉이 되었음은 부인할 수 없는 사실입니다.

우리는 지금 크리스천의 한 사람으로 성경을 마음껏 읽을 수 있는 자유로운 시대에 살고 있는 것이 참으로 감사합니다. 중세시대처럼 성경이 금서로 지정돼 있다면 어떨지 상상하는 것도 괴롭습니다.

누가 뭐라고 해도 성경은 기독교인의 신앙을 성장시키는 자양분이자 하나님과 교통할 수 있는 영적 통로입니다. 한 시절 종교 권력에 의해 금서로 지정될 수밖에 없었던 성경을 이제 마음껏 읽을 수 있게 된 데는 목숨을 내놓고 저항하다 순교당한 수많은 신앙 선배들의 노력이 있었음을 꼭 기억해야 할 것입니다.

그리고 종교가 권력과 결탁할 때 부패로 이어지고 그 결과 수많은 사람들을 구원이 아닌 타락과 절망으로 몰고 가게 된다는 사실을 역사적 교훈으로 삼아야 할 것입니다.

감사합니다.

16
섬김의 리더십이 필요한 시대

교회가 부흥한 것은 교회의 사명인 영혼 구원과 함께 어려운 이웃들에게 섬김과 나눔을 잘 실천했기 때문일 것입니다. 성도들의 의견을 잘 조율해 투표 없이 만장일치로 통과시키는 화합의 목회를 펼쳤기 때문일 것입니다.

요즘 코로나바이러스로 인해 교회에 가지 못하고 인터넷으로 예배드리는 교회가 대부분입니다. 이번 사태는 우리가 교회라는 예배 공간에서 하나님을 마음껏 찬양하고 예배할 수 있는 것이 얼마나 소중하고 귀한지 배울 수 있는 기회인 것 같습니다. 하루 빨리 바이러스가 잠잠해져 교회에서 성도들이 자유롭게 마음껏 예배드릴 수 있길 희망해 봅니다.

저는 얼마 전 지인들과 신앙적 대화를 하는 중에 서울 변두리에서 목회를 하는 한 목사님의 이야기를 듣고 큰 감동을 받았습니다. 이 목사님이야말로 목회자로서 성도들과 나누어야 할 섬김의 리더십을 실천하고 계신 분이라는 생각이 들었습니다.

이 목사님은 매 주일 11시 예배를 마치면 목사님 가족이 먼저 성도들에게 점심을 대접하는 섬김의 본을 보인다고 합니다. 목사님은 밥을, 사모는 국을 퍼주고 자녀들도 반찬을 덜어주는 일에 동참해 1년 내내 이렇게 섬긴다는 것입니다. 이렇게 성도들과 함께 식사를 나누고 대화하면서 교회 분위기가 점점 좋아지는 것을 느꼈다고 합니다. 목자는 양의 형편을 알고, 양은 목자의 음성을 들었던 것입니다.

이 목사님은 강단에서 늘 "목회자는 종입니다. 오직 성경 말씀만 전하려고 합니다."라고 말한다고 합니다. 이 교회는 성도의 방 한 칸을 빌려 출발했는데 이젠 매주 3000명 넘게 출석하는 큰 교회로 성장했다고 합니다. 성도들을 섬기고 권위를 내세우지 않고 군림하지 않았기에 나타난 결과였다고 생각합니다.

그래선지 이 교회 목사님의 별명이 '바보 목사'라고 합니다. 목사님이 강단에서 "나는 오늘부터 바보 목사가 되겠습니다"라고 선포했다고 합니다. 굳이 공개적으로 밝힌 것은 이 약속을 꼭 지키고 싶었기 때문이라는 것입니다.

더구나 지난 30여 년간 대외적인 직함이나 초청을 모두 사양하고 오직 목회에만 전념해온 목사님의 섬김은 성도들에게 그대로 전이돼 늘 이웃을 찾아 사랑의 김치를 선물하고, 환경미화원을 초청해 위로 잔치를 연다고 합니다. 1년에 네 번 경로잔치를 열고 이웃 학교 학생들에겐 장학금을 주고 헌혈과 장기 기증에도 열심을 낸다고 합니다.

이 교회가 부흥한 것은 교회의 사명인 영혼 구원과 함께 어려운 이웃들에게 섬김과 나눔을 잘 실천했기 때문일 것입니다. 성도들의 의견을 잘 조율해 투표 없이 만장일치로 통과시키는 화합의 목회를 펼쳤기 때문일 것입니다. 교회 수양관을 지으려고 준비했던 강원도의 땅을 노인

요양원으로 바꾸는 지역사회 봉사에 앞장섰기 때문일 것입니다.

요즘 일부 한국 교회가 사회 속에서 많은 지탄을 받고 있습니다. 사회는 교회의 선교적 독창성과 교리를 이해하기보다는 종교가 가져야할 윤리와 도덕적 잣대를 더 많이 들이대게 됩니다. 그렇다고 이 때문에 교회의 본질이라고 할 영혼 구원과 선교가 사회봉사에 밀려 우선순위가 바뀌어서는 결코 안 될 것입니다.

교회는 은은한 빛으로, 또 맛을 내는 소금으로 사회 속으로 스며들어가야 합니다. 섬김과 나눔, 헌신과 봉사로 기독교 복음의 핵심인 사랑이 무엇인지를 보여주어야 합니다. 앞서 소개해 드린 목사님처럼 성도와 이웃을 먼저 섬길 때 그것이 바로 전도로 되돌아온다는 사실을 기억해야 합니다.

우리 주변에 섬김의 리더십으로 사회와 이웃을 보듬고 복음의 열정도 불태우는 목사님이 많이 나올 수 있길 간절히 기도합니다.

감사합니다.

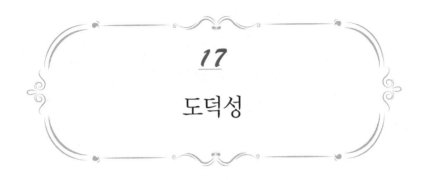

17
도덕성

청교도 신앙 위에 건립된 미국이 짧은 역사에 세계 최고의 1등
국가가 될 수 있었던 것은 바로 공직자들의 깨끗한 도덕성이
큰 몫을 했을 것이라고 생각합니다.

오늘은 도덕성에 대한 이야기를 나누어 볼까 합니다. 도덕성은 어떤 사물이나 상황 등에 대해 옳고 그름을 판단하고 바르게 행동하는 능력입니다. 아울러 인간으로서 마땅히 지켜야 할 도리 또는 그것에 준하는 행동으로 선악의 표준이 되기도 합니다.

우리가 초등학교 시절에 '도덕'이란 과목을 배웠듯 인성에서 도덕성은 아주 중요한 부분을 차지합니다. 그런데 이 도덕성은 우리의 눈에 확연하게 드러나지 않는다는 함정이 있습니다. 잘 살피지 않으면 그 흠결을 발견하지 못하는 것입니다.

제법 오래전 제가 대표로 있는 회사에 사표를 쓰고 나가는 사원과 면담한 적이 있습니다. 그 직원은 회사를 떠나기 전 사장에게 꼭 할 말이 있다고 해 시간을 내어 주었습니다. 그런데 그가 들려준 이야기는 사장인 내겐 아주 뜻밖이었고 충격적이기까지 했습니다.

그가 회사를 그만두는 가장 큰 이유는 중간 관리자에 관한 불만과 불신 때문이었습니다. 이런 스트레스가 계속 쌓이면서 회사에 대한 실망으로 이어졌고, 결국 회사가 자기와는 맞지 않는다는 결론을 내리고 떠난다는 설명이었습니다.

이 직원은 중간 관리자의 인격과 도덕성의 문제를 거론했습니다. 자신은 어려운 일을 회피하고, 책임은 모두 부하 직원에게 떠넘기고, 윗사람들에게는 좋은 이야기만 한다는 것이었습니다. 틈만 나면 노름을 즐기고 회사를 통해 자신의 이익만 추구하는 상사를 도저히 용납하지 못하겠다고 했습니다. 이렇게 자기 욕심만 채우고 부하 직원에겐 복종만 강요한 처사에 그 직원이 상처를 많이 받았음을 알 수 있었습니다.

이렇게 도덕적으로 인격적으로 흠결이 있는 상사에 대해 회사는 자세한 내용도 모르고 대우를 더 잘 해주니 회사가 희망이 없어 보이고, 더불어 자신도 희망이 없다고 생각하게 됐다는 것이 그 사원이 퇴직하는 이유였습니다.

저는 이 이야기를 듣고 회사 책임자로서 깊이 반성하게 되었습니다. 그동안 직원들의 저변에 깔린 이야기를 듣지 못한 것이 부끄러웠습니다. 심지어 나 자신조차 정말 도덕적으로 잘 행동하고 있는지, 직원들의 본보기가 되고 있는지 되돌아보게 되었습니다.

여기서 제가 얻은 교훈은 회사가 잘되려면 임원과 직원들이 서로 믿어야 하며 상사와 오너의 도덕성, 신뢰성, 공평성이 먼저 확보되어야 한다는 사실이었습니다.

이러한 인격과 도덕성은 비단 회사와 개인에게만 적용되는 것이 아닐 것입니다. 그 무엇보다 공직자에게 더 엄격하게 적용되는 것을 선진국 사례를 통해 잘 살펴볼 수 있습니다.

미국의 경우 고위 공직자는 공직자윤리위원회와 상원 등 무려 5곳의 검증 절차를 철저하게 거쳐야 합니다. 이와 별도로 FBI와 국세청에서도 범죄 기록과 납세 기록을 샅샅이 살핀다고 합니다. 과거 경력은 물론 재산, 여자관계 등 사생활까지 하나하나 조사한다고 들었습니다. 그 이유는 국민을 위해 봉사하는 고위 공무원은 나라를 위해 헌신하는 직업이므로 그 도덕성이 최고로 중요하다고 판단하기 때문입니다.

청교도 신앙 위에 건립된 미국이 짧은 역사에 세계 최고의 1등 국가가 될 수 있었던 것은 바로 공직자들의 깨끗한 도덕성이 큰 몫을 했을 것이라고 생각합니다.

감사합니다.

18

세상의 지혜는 성경에서 나온다

성경은 세상에 필요한 지식과 하늘의 지식을 모두 전하는 지식의 보고입니다. 사람의 지혜가 아닌 우주를 창조하신 전능하신 하나님의 지혜입니다. 그래서 우리는 큰 깨달음과 진리를 얻게 되는 것입니다.

요즘은 세상에서 생긴 거의 모든 의문과 알고 싶은 지식을 인터넷을 통해 쉽게 찾아낼 수 있습니다. 그러므로 무엇을 열심히 공부해 나만의 지식 세계를 만들어 낸다는 것이 큰 의미가 없는 시대가 되었습니다.

그러나 아무리 세상이 놀랍게 변하더라도 결코 변하지 않는 것이 있습니다. 그것은 바로 성경 말씀이 주는 교훈과 지혜입니다. 성경 말씀 잠언 20장을 보면 "모든 사람들이 자신을 인자하다고 자랑하지만 진정 충성된 사람을 만나는 것은 정말 어렵다. 또 여기저기 다니면서 말을 퍼뜨리는 사람은 남의 비밀을 쉽게 누설하니, 입술을 벌린 자를 사귀지 말라. 또 그러한 자들과는 음식도 같이 먹지 말고 그들이 좋아하는 음식도 탐하지 말라"는 가르침이 나옵니다.

회사에서도 직원들 중에 남의 험담을 하는 사람들을 많이 봅니다.

자리에 없는 직원들을 하나하나 올려놓고 칭찬하고 장점을 부각하기보다는 약점과 단점을 집중적으로 이야기합니다. 그러다 그 이야기가 당사자의 귀에 들어가 직원끼리 불화가 생기고 싸움이 길어지는 경우를 본 적이 많습니다.

험담하는 자의 말에 귀를 기울이게 되면 결국 그것이 계기가 되어 자신에게도 좋지 않으니 아예 식사도 같지 하지 말라고 성경은 정확하게 가르치고 있는 것입니다.

제가 운영하는 회사에서도 영업 사원 중에 일도 게을리 하면서 회사에 대한 불평과 불만이 많은 직원과 어울리면 그 직원 역시 실적이 저조하고 불만이 많게 됩니다. 반면에 열심히 최선을 다해 일하면서 매사를 긍정적으로 보는 직원을 따라다니는 신입 사원은 그 직원을 그대로 따라가는 모습을 보게 됩니다.

또한 성경은 "포도주는 거만하게 하는 것이요, 독주는 떠들게 하는 것이라 이에 미혹되지 말라"고 말씀합니다. 과음으로 인한 실패를 경계하는 말씀입니다. 회사가 무엇인가 잘한 것이 있으면, 주변의 질투가 많은 것이 사실입니다. 그래서 성경은 "너는 내일 일을 자랑하지 말라. 하루 동안 무슨 일이 일어날지 알 수 없다. 타인이 너를 칭찬하게 하고 네 입술로는 하지 말라"고 교훈합니다.

성경은 살아 계신 하나님의 말씀입니다. 성경은 구원받는 것과 전도하고 십일조 내는 것, 복 받는 것과 더불어 세상을 사는 지혜를 우리에게 잘 가르쳐 줍니다. 기독인으로서 세상에 나아가 어떻게 살고 어떻게 지혜로운 방법으로 성공하는지에 대한 방법도 제시합니다.

성경은 기업 경영자에게도 "경영은 의논함으로 성취하니 지략을 베풀고 전쟁할지니라"고 가르칩니다. 여러 임원과 직원들의 의견을 듣고 좋은 경영 전략을 세워 경쟁사와 잘 경쟁하라는 말씀입니다. 전략 없이 주먹구구식으로 경영하면 안 된다는 말씀입니다.

성경은 세상에 필요한 지식과 하늘의 지식을 모두 전하는 지식의 보고입니다. 사람의 지혜가 아닌 우주를 창조하신 전능하신 하나님의 지혜입니다. 그래서 우리는 큰 깨달음과 진리를 얻게 되는 것입니다. 성경을 즐겨 읽는 것은 세상을 살아가는, 그리고 세상을 이기는 방법을 배우는 길이기도 합니다.

링컨은 초등학교도 못 나왔지만 성경을 읽고 신뢰함으로 대통령까지 된 인물입니다. 우리도 성경을 가까이 하고 기도하면서 세상을 이길 능력을 키운다면 진정 하나님이 원하시는 글로벌 인재가 되리라 확신합니다.

감사합니다.

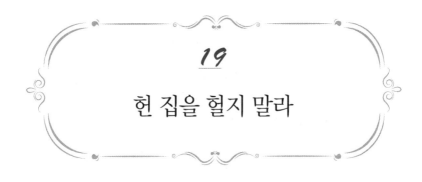

19
헌 집을 헐지 말라

아침에 출근해 일할 수 있는 직장을 주신 하나님께 감사 기도
를 드리고 성경 구절을 묵상하며 이 말씀이 오늘 하루 나를 힘
나게 해주는 에너지가 되리라고 기대했으면 합니다.

러시아 속담에 "새 집을 완성하기 전에 헌 집을 헐지 말라."는 말이
있습니다. 너무 빠른 변화에 좋아하지 말고 옛것도 소중히 여기라는
함축적인 뜻을 담고 있습니다. 오늘은 우리 세대가 너무 유행과 변화
에 민감해 소중한 것을 오히려 놓치고 있음을 이야기하려고 합니다.

요즘 일반 직장인들은 50세만 넘으면 정년을 걱정합니다. 요즘 신입
사원들은 똑똑해서 1년이면 업무를 완전히 숙지하고 팀장들보다 실력
이 앞서는 경우도 많습니다. 얼마 전 국내 대기업에서 30대 여성 2명이
임원이 되는 고속 승진을 해 신문에 기사화된 것을 보았습니다. 특히
IT 분야는 변화가 워낙 빨라서 서른만 넘으면 기술 나이로 환갑이라는
말마저 있습니다.

일반적으로 30대는 모든 분야에서 회사를 위해 열심히 일하고 성과

도 내는데, 40대가 되면서부터는 가정 문제에, 돈 걱정에, 회사 업무에 여러 가지로 쪼들립니다. 돈이 한참 들어가는 50대가 되면 후배 직원들보다 업무 능력이 떨어져 인사 관리 측면에서는 걱정이 많습니다.

그래서 회사마다 명예퇴직 제도를 활용해 오래된 직원을 정리하거나 아주 젊은 사람을 이사로 발령시켜 경력 직원의 자존심을 건드려 퇴직하게 만드는 방법이 자연스러운 세태가 되었습니다.

그러나 전체 기업이 꼭 이익과 효율만 중요하게 여기는 것이 옳은가 하는 의문이 생깁니다. 기업은 직원을 가족이라고 부르며 열심히 독려했던 시절이 있었고 그들의 노력으로 오늘이 있는 것이 아닌가 여겨지기 때문입니다. 회사가 잘되는 것은 장기 직원들의 땀과 노고의 결실이라는 생각도 해야 할 것입니다.

저는 조금 부족한 직원들일지라도 그들에게 딸린 가족들을 생각하면, 회사가 조금 천천히 성장하는 것도 나쁜 일은 아니라고 여전히 생각하고 있습니다. 사실 경영이 참 어렵습니다. 보람을 느낄 때도 많지만 그만두고 싶다는 생각이 들 때도 많은데, 하나님이 내게 맡기신 사명이라고 생각하면 새롭게 힘이 나곤 합니다.

저는 회사의 40대, 50대 직원들에게서 다소 부족함이 보이더라도 그들을 사랑으로 격려하고 교육하면 개선할 수 있다는 말씀을 성경에서 찾았습니다. 그래서 관리자급을 대상으로 용기를 북돋는 최고 관리자 교육 과정을 신설했고 이 시스템이 잘 운영돼 회사가 큰 동력을 갖게 되었습니다. 일거리를 챙겨주고 업무를 가르쳐주고 열심히 관리하면 게으른 관리자도 새롭게 열정적인 관리자로 재탄생할 수 있다는 것을 확인했습니다.

바로 이것이 성경이 가르쳐 주시는 "모두 연합하여 선을 이룬다"는 말씀을 실천하는 길일 것입니다. 우리가 매사를 너무 조급하게 판단하고 결정하는 것에 익숙해져 버린 것이 아닌지 아쉬운 마음이 듭니다.

세상의 빠른 변화와 움직임에 발 빠르게 대응해야 한다는 조바심을 갖지 않고 좀 더 마음의 여유를 갖고 살았으면 합니다. 아침에 출근해 일할 수 있는 직장을 주신 하나님께 감사 기도를 드리고 성경 구절을 묵상하며 이 말씀이 오늘 하루 나를 힘 나게 해주는 에너지가 되리라고 기대했으면 합니다.

오늘도 새로운 것이 수없이 쏟아져 나옵니다. 새 뉴스, 새 상품, 새 만남 속에서 옛날의 나를 늘 돌아볼 수 있는 마음의 여유를 갖길 바랍니다. 그래서 지나가 버린 것, 작은 것도 소중하게 여기며 매사에 감사하고 기뻐할 수 있는 우리 모두가 되었으면 합니다.

감사합니다.

20

절망에서 희망을 찾는다

> 하나님께 의지하고 맡기는 것, 바로 그것이 내가 절망을 이겨낼
> 수 있는 희망의 길임을 고백합니다. "오직 주만 의지하오니 새
> 희망을 주옵소서." 이것이 절망에 처했을 때 나오는 저의 신앙
> 고백이자 간절한 기도입니다.

 오늘은 우리의 삶에서 희망이 얼마나 소중한지를 나누려고 합니다. 제2차 세계대전 당시 나치 독일 치하에서 빅터 플랭클 박사가 유대인 포로수용소를 자세히 관찰해 이를 기록한 책이 있습니다. 책 이름은 '의미를 찾는 인간의 탐색'입니다.

 이 책을 보면 절망 속 희망이 얼마나 놀라운 힘이 있는지 잘 보여 줍니다. 당시 600만이 넘는 유대인들이 포로수용소에서 죽어갔습니다. 끔찍한 생체실험과 모진 고문을 당했고, 결국엔 가스실로 옮겨져 비참하게 생을 마감했습니다. 이 참혹한 모습을 옆에서 지켜보며 플랭클 박사는 이렇게 적었습니다.

 "마음으로 희망을 포기한 사람들은 몸도 쇠약해져 결국 죽고 말았

다. 하지만 끝까지 희망을 버리지 않았던 사람들은 살아남았다. 자기 자신뿐만 아니라 절망 속에 있는 동료들이 희망을 잃지 않도록 격려하던 사람들은 모진 고문에도 불구하고 몸과 마음이 건강한 상태로 살아남을 수 있었다. 이처럼 희망은 절망을 몰아낼 수 있는 위대한 힘을 가지고 있다. 희망이 삶의 원동력이 되어 절망적인 상황에도 결코 좌절하지 않도록 이끌어주는 것이다."

큰 감동을 주는 글이 아닐 수 없습니다. 여러분은 20여 년 전에 발생한, 유동성 금융위기인 IMF 사태를 모두 기억하실 것입니다. 당시 IMF의 높은 파고는 우리 회사에도 당연히 밀려왔습니다.

그러나 내가 성경을 통해 깨달은 것은 절망을 극복할 수 있는 것은 희망이라는 사실이었습니다. 깊은 절망에서 신세한탄으로 세월을 허비하거나 뒤로 물러서지 않고 좌절하지도 않았습니다. 오히려 역으로 IMF 위기 때 성장이라는 희망의 씨를 과감히 뿌렸습니다.

모든 기업이 움츠리고 구조조정과 경비 절감에 온통 정신을 쏟을 때 오히려 저는 새로운 설비투자를 하고 급여도 인상했으며 직장을 잃은 유능한 연구원들을 모아 연구소를 보강했습니다.

회사도 몇 개월씩 매출이 떨어지고 수금도 잘 안 되는 어려운 상황에 직면했지만 위기를 기회로 만들기 위해 더 적극적인 공세를 펴는 경영철학을 내세웠습니다. 그 결과 어려운 환경과 절망스러운 사회 분위기 속에서도 우리 회사는 30% 가까이 성장하게 되었습니다.

절망의 시기를 절망으로 보지 않고, 절망 속에서 우리가 성장할 수 있는 희망을 찾았습니다. 만나는 사람마다 어디서 그러한 추진력과 아이디어가 나오느냐고 물었는데 저는 수없이 많은 위기 속에서 은밀하게 역사하시는 하나님의 음성을 성경을 통하여 듣는다고 자신 있게 말하곤 했습니다.

이후 저는 언론사와 인터뷰할 때마다 "기업인으로서 신앙을 갖지 않고 운영하는 사람은 정말 대단한 사람이다. 하나님의 도움 없이 사업을 할 수 있다는 것이 이상하다."라고 역설적으로 말해 기자들을 어리둥절하게 만들곤 했습니다.

하나님께 의지하고 맡기는 것, 바로 그것이 내가 절망을 이겨낼 수 있는 희망의 길임을 고백합니다. "오직 주만 의지하오니 새 희망을 주옵소서." 이것이 절망에 처했을 때 나오는 저의 신앙고백이자 간절한 기도입니다.

감사합니다.

"그러므로 너희가 그리스도와 함께 다시 살리심을 받았으면 위에 것을 찾으라,
거기는 그리스도께서 하나님 우편에 앉아 계시느니라.
위에 것을 생각하고 땅의 것을 생각하지 말라"(골 3:1-2)

은혜롭고 복된 인생

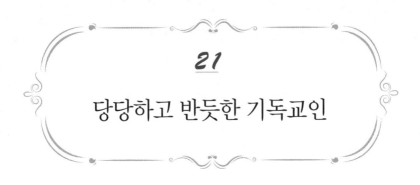

21

당당하고 반듯한 기독교인

믿음의 크리스천은 누구에게나 어디서나 당당하고 담대하며, 거짓 없이 세상과 맞서 이길 수 있어야 합니다. 그래서 자신이 나아가고자 하는 목표에 끈질기게 매달려 성취해야 합니다. 각자 품은 비전과 목표는 양보하지 말고 성취해야 합니다.

오늘은 영국의 유명한 장군 올리버 크롬웰에 대한 이야기를 나누고 싶습니다. 크롬웰은 역사 속 실존 인물로 영국의 청교도 전쟁을 승리로 이끈 장군입니다. 그는 원래 군인 출신이 아니고 아주 병약한 사람이었습니다. 우울증에 시달렸고 자신감이 없던 청년이었습니다. 그의 생애 초반은 좌절하고 무기력한 삶이었다고 합니다.

이런 그가 어느 날 성경을 읽다가 '하나님이 주신 능력 안에서 나는 무슨 일이든지 할 수 있다'는 말씀의 확신이 생겨 새로운 인생을 살게 되었다고 합니다. 그리고 무수한 전투를 신기하게도 승리로 이끌었습니다. 결국 왕정을 무너뜨리고 청교도적 가치관에 입각한 공화정 정치를 통해 영국을 통치하게 되었습니다. 그의 수많은 전투 비화는 지금까지 놀라운 기적으로 전해지고 있습니다.

프랑스의 잔 다르크 역시 비슷합니다. 연약한 소녀 잔 다르크는 하나님의 계시를 받고 무너지기 직전의 프랑스 군을 지휘하면서 전쟁을 승리로 이끌어 프랑스를 구한 영웅으로 추앙받고 있습니다. 전쟁의 승리에도 불구하고 자신의 프랑스 왕권에 의해 사형당하는 안타까운 결말을 맞습니다. 그런데 어떻게 어린 소녀가 이끄는 군대가 강한 적군을 이길 수 있었을까 하는 의문은 결국 하나님의 도우심이 있었기 때문에 그것이 가능했다고 역사가들도 인정합니다.

하나님의 도우심은 불가능을 가능케 합니다. 역사를 주관하고 계신 분이 바로 하나님이라는 생생한 증거라고 할 수 있습니다. 하나님은 역사를 주관하시고 그 목적대로 한 인물을 택해 이루어 나가십니다. 택함 받은 사람이 하나님을 믿고 순종하면 역사를 크게 바꿀 수 있는 것입니다.

구약 성경 사사기에 등장하는 기드온의 군대는 300명이었는데 수십만 적군을 섬멸하고 승리로 이끌었습니다. 이 구절은 성경을 이스라엘 무협지라고 폄하하는 사람들의 입에도 오르내릴 만합니다. 그러나 구약성경은 역사적 사실이고 크롬웰과 잔 다르크도 역사적 사실입니다.

하나님이 함께하시는 전쟁이라면 아무리 강하고 많은 군대를 상대하더라도 이겼습니다. 하나님이 함께하시면 하나님이 주시는 능력 안에서 어떤 일도 할 수 있습니다. 저 역시 항상 하나님이 함께하시니 무서울 것 없고, 안 될 일 없고, 겁낼 일 없다고 생각합니다. 다만 그 확신이 얼마만큼 있느냐가 신앙의 정도를 스스로 판단할 수 있는 기준이 된다고 생각합니다.

저 역시 하나님이 나와 함께하신다는 확신 속에 회사 경영에 어려움이 닥쳐도 매우 긍정적인 태도를 갖습니다. 하나님이 택하시고 그의 목적대로 쓰시기 위해 달란트를 주셨으니, 당연히 믿고 순종하면 아무리 험난한 경영 환경에서라도 도전해 볼 만하다는 자신감이 생기기 때문입니다. 여기서 반드시 하나님과 나의 관계는 잘 유지되어야 합니다.

하나님이 동행해 주시면 우리는 세상에 나가 누구를 만나도 당당해질 수 있습니다. 나는 예수 믿는 사람으로서 비굴해질 필요가 없고 또 두려워서 아첨할 필요도 없습니다.

믿음의 크리스천은 누구에게나 어디서나 당당하고 담대하며, 거짓 없이 세상과 맞서 이길 수 있어야 합니다. 그래서 자신이 나아가고자 하는 목표에 끈질기게 매달려 성취해야 합니다. 각자 품은 비전과 목표는 양보하지 말고 성취해야 합니다.

오늘날 크롬웰과 잔 다르크가 우리에게 상징하는 의미는 아주 큽니다. 열매 맺는 크리스천이 되기 위해서 어떻게 살아야 하는지를 보여줍니다. 하나님이 함께해 주신다는 큰 믿음 속에 원대한 꿈과 비전을 세우고 또 장막의 끈도 길게 늘여 보시길 권면합니다.

감사합니다.

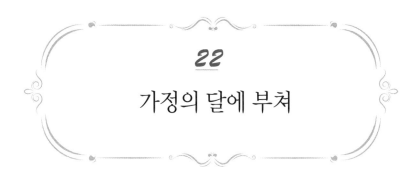

22

가정의 달에 부쳐

가정의 달에 사랑하는 가족과 친지에게 선물들을 합니다. 그 선물 중에서 가장 귀한 것은 바로 '구원의 선물'입니다. 내 가족, 내 친척이 아직도 예수를 모른다면 그것은 바로 나의 책임입니다.

5월은 가정의 달입니다. 어린이날, 어버이날, 스승의 날 등 기념일이 많은 것은 가족들이 나들이하기 좋은 날씨 때문이 아닌가 생각해 봅니다. 그래서 오늘은 가족을 위한 진정한 사랑과 효도가 무엇인지를 나누어 보고자 합니다.

얼마 전 한 지인에게 기도 부탁을 받았습니다. 자신의 오빠와 어머니가 기독교인으로 거듭날 수 있도록 기도해 달라는 요청이었습니다. 그래서 자연스럽게 가족사를 듣게 되었는데 이미 70대인 오빠와 90대인 어머니는 고생을 많이 한 분들이었습니다. 특히 오빠는 가난한 살림에도 두 동생을 유학 보내 모두 박사학위를 받게 했고 자신의 아들도 변호사로 키워 누가 보더라도 성공한 인생이었습니다.

그런데 이 오빠가 덜컥 암 선고를 받았고 1년 정도밖에 살 수 없다는 의사의 진단이 나왔다고 합니다. 오빠는 "모든 임무를 완수했으니 준비가 되었는데, 나이 든 어머니보다 먼저 가는 것이 불효라고 생각되어 어머니 걱정뿐"이라고 했습니다. 반면 어머니는 "나는 살 만큼 살았으니 괜찮은데, 아들이 너무 측은해 볼 수 없다"라고 했습니다.

두 분은 매일 어머니가 홀로 사시는 아파트에서 안부차 만나 대화는 하지만 서로 얼굴은 안 본다고 했습니다. 그 이유는 아들은 한없이 쪼그라든 어머니의 작은 모습을 보면 눈물이 나서 못 보고, 어머니 역시 병든 아들, 시한부 선고를 받은 아들의 모습을 보면 눈물이 나서 보지 못한다는 것이 그 이유였습니다.

그래서 아들이 거실에서 "어머니 건강하세요?" 하면 어머니는 방 안에서 "그래, 나는 오늘도 기분이 좋다. 그리고 밥도 맛있게 먹고 있다. 너는 어때?"라고 대화를 한다고 합니다. 아들은 "오늘은 기운이 나네요."라고 대답하는 게 매일 계속되는 대화 내용이라고 했습니다.

그리고 한참 후 아들이 "어머니 저 갑니다."라고 하면, 어머니는 "그래 건강 잘 챙겨라."라고 하며 역시 얼굴을 마주하지 않은 채 헤어진다고 합니다. 이렇게 매일 같은 대화 장면을 보며 기도를 요청한 그분은 어머니와 아들의 애틋한 사랑이 저절로 느껴진다고 했습니다.

이분이 오빠와 어머니의 예수 영접을 간절히 바라는 것은 언니를 전도해 변화한 모습을 생생하게 보았기 때문입니다. 질병으로 병원에 입원해 있으면서 매사에 불평만 하던 언니에게 자신이 예수를 믿고 변화하여 평안하고 기쁜 삶을 살고 있음을 증거로 내세우며 전도했다고 합니다.

그런데 정말 언니가 병원 원목을 초청해 병실에서 예배를 드리고 예수님을 영접한 뒤 며칠 동안 한없이 눈물을 흘렸다고 합니다. 그리고 남편과 자식들에 대해 불평하고 잘못한 것을 회개하니 모든 불만이 사라지고 감사하는 마음이 생겼고, 가정도 회복되었다고 합니다.

그 언니가 교회 권사인 친구와 함께 교회에 열심히 나가고, 매주 쇼핑도 하고 그림도 그리며 아주 행복한 삶을 살고 있다고 전했습니다. 이 모습을 보니 오빠와 어머니에게도 반드시 예수님을 전해야 한다는 사명감을 갖게 되었다는 것입니다.

가정의 달에 사랑하는 가족과 친지에게 선물들을 합니다. 그 선물 중에서 가장 귀한 것은 바로 '구원의 선물'입니다. 내 가족, 내 친척이 아직도 예수를 모른다면 그것은 바로 나의 책임입니다. 이 가정의 달에 그 무엇보다 가정과 이웃에게 그리스도의 복음을 나누는 우리 모두가 되었으면 좋겠습니다. 그래서 온 가족이 손잡고 기쁜 마음으로 교회에 나가게 되길 염원합니다.

감사합니다.

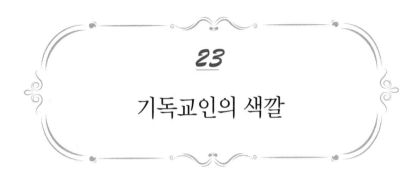

23
기독교인의 색깔

기독교인의 색깔을 다시 보여주어야 합니다. 옛날의 '정직한 사람', '신뢰받는 사람'의 색깔을 되찾아야 합니다. 일을 믿고 맡길 수 있는 사람이라는 기독 청년의 색깔을 가지고, 당당하게 일해야 합니다.

회사에 직원이 많다 보니 수시로 일어나는 결원을 채우기 위해 면접을 봅니다. 그러다 보면 이력서 종교란을 유심히 살피게 됩니다. 대체로 그 사람이 믿고 있는 종교와 그 사람의 생각이나 인격이 비슷할 때가 많아 놀라곤 합니다.

그런데 요즘은 종교가 없는 사람들이 많습니다. 몇 년 전만 해도 불교, 유교, 기독교 등 종교가 있다고 말하는 사람이 많았는데 그 이유를 생각해보니 젊은이들이 종교를 가질 기회조차 없이 바쁘게 지내온 것 같습니다.

영어, 수학 등 시험공부에 온 삶을 걸어왔던 것은 아닐까. 자신의 인생을 길게 보고 설계할 시간이 없었던 것 같습니다. 종교 서적이나 철학 서적들은 읽지 않고 짧은 글과 만화, TV, 스마트폰 등에 시간을 뺏

겨 그런 사치스러운 생각을 못 해 봤다는 젊은이들을 보니 측은해집니다. 꿈을 잃은 젊은 세대가 이젠 종교도 희망도 잃은 세대로 변모해 가는 것은 아닌가 무척 걱정됩니다.

이런 측면과 연결해 보면 요즘 일부 한국 교회와 성도들도 본연의 정체성을 잃고 있는 것이 아닌가 우려스럽습니다. 인권의 틀 안에서 동성애도 인정하고 비성경적인 부분에도 적당히 타협하는 모습을 보기 때문입니다. 성경은 기독교인의 교과서입니다. 성경대로 따르면 됩니다.

직원 면접을 하면서 불교를 믿는다고 대답한 한 청년에게 왜 불교를 믿느냐고 물어보았습니다. 그러자 어머니가 계속 절에 다니셨고 자신은 그저 1년에 한 번쯤 절에 가는 것이 전부라고 이야기합니다.

유교라고 대답한 사람들도 대개 집안 대대로 제사를 지내고 있어 모두 유교라고 답변합니다. 하지만 불교신자도 유교신자도 교리를 물어보면 공통적으로 "그것은 잘 모르겠습니다."라고 대답합니다.

심지어 기독교를 믿는다고 대답한 사람 중에도 "부모님이 교회를 열심히 나가고 계셔서 저는 그저 따라가고 있습니다."라고 하는 면접자도 있습니다. 종교를 생활의 잣대로 삼고 종교에 따라 산다고 하는 신념을 가진 사람은 별로 보지 못했습니다.

유럽의 가톨릭 신자 수는 매우 많으나, 성당에서는 신자를 찾기 힘듭니다. 수천 명이 들어갈 수 있는 대규모 성당이 많지만 미사에 참여하는 교인들의 수는 수십 명에 불과할 때가 많습니다.

70년대 한국에는 기독교인이 매우 적었습니다. 비록 '예수쟁이'라는 표현을 듣긴 했으나, "예수쟁이는 거짓말을 하지 않고 정직하다"는 사회적 평판과 믿음이 있었습니다. 그래서 자신은 교회에 나가지 않을지라도 자식들이 교회에 가는 것은 막지 않았습니다. '정직하다'는 색깔. 이것이 한국 초기 교회들의 색깔이었습니다. 그러나 이 색깔도 점차 변해왔습니다. '말을 잘하는 사람'에서 '술 안 먹는 사람'으로 변했는데 요즘은 기독교인의 색깔이 무엇인지조차 알려고도 하지 않는 상황이 되었습니다.

기독교인의 색깔을 다시 보여주어야 합니다. 옛날의 '정직한 사람', '신뢰받는 사람'의 색깔을 되찾아야 합니다. 일을 믿고 맡길 수 있는 사람이라는 기독 청년의 색깔을 가지고, 당당하게 일해야 합니다.

그래서 "저는 예수 믿는 사람입니다. 귀하의 회사에 입사해 큰 일꾼이 될 것입니다."라고 당당히 말할 수 있는 청년들이 이 땅에 가득하기를 소원해 봅니다.

감사합니다.

24
새로운 선교 비즈니스 모델

최근 비즈니스 선교가 새로운 패러다임으로 자리 잡고 있습니다. 하나님이 주신 일터를 선교지로 삼아 전문인 선교를 펼친다면 장점이 얼마나 많은지 모릅니다.

오늘은 한 기독교 선교 단체가 새로운 아이디어로 수익 사업을 펼쳐 바람직한 비즈니스 선교 모델이 된 과정을 이야기하려고 합니다.

명문대를 나와 대기업에 다니던 청년들이 선교에 헌신하기 위해 자신들이 쌓아온 것들을 과감히 포기하고 박봉을 받으며 열심히 헌신하는 모습에 큰 감동을 받은 적이 있습니다. 이 단체는 매주 수백 명이 모여 뜨겁게 찬양하며 예배드리고 이 실황을 국내외 수만 명에게 동시 중계하며 기도해 왔고 아울러 많은 곳에서 선교 사역도 펼치고 있습니다.

이들은 늘 헌금만으로 선교 사역을 펼치기에는 한계가 있다며 선교를 위한 수익 모델을 놓고 기도해 왔습니다. 그러다 마침 국내 최고의 수학 명강사로 꼽히는 분이 재능 기부를 하겠다고 나섰습니다. 그래서 학원 운영을 해서 수익을 내고 싶은데 막상 건물 임대 등 여러 가지가 여의치 않자 사업을 하는 제게 자문을 하러 왔습니다.

개인적으로 이 청년 사역자들을 대단하다고 여기고 있었기에 저 역시 열심히 수소문을 했고 서울 강남역 요지에 좋은 조건의 알맞은 건물을 저렴하게 임대할 수 있도록 주선했습니다. 이 단체는 이 건물을 아이디어를 살려 적은 비용으로 멋지게 리모델링을 한 뒤 먼저 본부 사무실을 이전했습니다. 이어 1차로 학부모와 강사 교육생을 모집한 결과 정원 이상이 넘치게 채워졌고 이대로 간다면 매년 큰 액수의 수익을 낼 수 있어 선교에 큰 힘을 얻게 되었다는 이야기를 들었습니다.

저 역시 새로 설립된 이 학원 건물을 둘러보면서 참으로 기쁘고 흐뭇했습니다. 하나님이 주신 지혜로 여러 사람이 뭉쳐 귀한 일을 만들어낸 것이라 더욱더 감사했습니다.

청년들이 건물 리모델링 비용을 아끼느라 인부를 사고 직접 자재를 사서 날랐다고 했습니다. 깨끗하고 멋진 중고가구를 사느라 발품을 팔았지만 제가 보기엔 모두가 새것으로 보이고 최고의 인테리어 기술자가 공사한 것과 다름이 없었습니다.

청년들은 하나님의 사역과 선교를 더 열심히 하고 싶었고 그러기 위해서는 늘 물질이 부족했습니다. 간사들 월급 만드는 것도 벅찼을 것입니다. 그래서 그들은 간절히 기도했습니다. 그 응답으로 사람들이 나타났고 지혜가 모아져 이렇게 새로운 비즈니스 선교 모델을 창출한 것이라 믿습니다.

최근 비즈니스 선교가 새로운 패러다임으로 자리 잡고 있습니다. 하나님이 주신 일터를 선교지로 삼아 전문인 선교를 펼친다면 장점이 얼마나 많은지 모릅니다.

일을 통해 사람들에게 자연스럽게 접근하고, 그 수익으로 사회적 빈곤과 필요의 문제를 해결해 가면 더 존경받는 위치로 올라설 수 있을 것입니다. 또 광범위한 비즈니스 네트워크를 통해 선교 확장이 가능해 더 많은 복음 사역을 펼칠 수 있습니다.

여기에 일자리 창출과 사회적 나눔을 실천하면서 사역자의 삶도 윤택하게 할 수 있다고 저는 믿습니다. 이번 청년 기도 모임이 비즈니스 선교 모델을 보여준 것처럼 더 많은 선교 단체들도 지혜를 모아 새로운 선교 패러다임을 만들어 나갈 수 있길 기대합니다.

감사합니다.

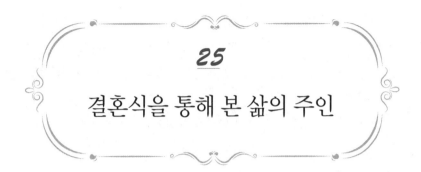

25
결혼식을 통해 본 삶의 주인

내가 인생의 주인인 시대에 우리의 주인을 예수 그리스도로 바꾸고 그에게 순종하고 보호받는 인생을 산다면, 그 인생은 평안을 가져다주는 즐거운 인생이 될 것이라 확신합니다.

한국 기독교계 어른들이신 원로 목사님들과 일본을 방문한 적이 있었습니다. 여정 중 목사님들의 관심사는 일본에서 십자가를 발견하는 것이었습니다. 한국에서는 그렇게 쉽게 발견되는 십자가를 볼 수 없었기 때문입니다.

그런데 아무리 차창 밖을 살펴보아도 좀처럼 십자가는 보이지 않았습니다. 드디어 한 분이 "아! 저기 큰 십자가가 보인다."라며 손을 들어 가리키셨는데 정말 큰 건물에 십자가가 우뚝 선 것이 보였습니다.

모두들 신기해하며 이런 곳에 이렇게 큰 교회가 있는지 모르겠다고 하셨는데, 출장을 위해 일본 왕래가 잦았던 나는 그 건물이 교회가 아니라는 사실을 이미 알고 있었기에 말씀을 드렸습니다.

"목사님, 저건 교회가 아니라 예식장입니다. 그리고 천주교 성당을 본뜬 예식장은 더 많습니다. 신부님 복장이나 목사님 복장의 주례도 있고, 요즘은 미국 목사님 모양의 주례가 더 유행이랍니다."

제 말에 목사님들은 매우 실망하셨습니다. 이렇게 일본은 결혼식을 거룩하게 보이려고 예식장을 교회와 성당 분위기를 내어 지었지만 주일에는 막상 사용하지 않는 껍데기 건물인 것입니다. 결혼식을 위해 만든 촬영 세트일 뿐입니다. 한국도 교회와 성당에서 결혼식을 올리는 사람들이 많습니다. 신자가 아닌 사람들도 대여비가 싸고 피로연도 실비로 잘 제공해 이용을 많이 한다는 이야기를 들었습니다.

결혼의 풍속도가 많이 변하고 있습니다. 주례 없이 신랑 신부가 함께 입장해 스스로 하는 결혼식도 늘고 있습니다. 가끔 결혼식장에 가 보면 신랑 신부 친구들이 노래를 부르고 춤판을 벌이는 것을 봅니다. 주례사도 없이 마치 축가가 위주가 되어 콘서트장을 방불케 하기도 합니다.

요즘 황혼 결혼식도 많이 한다고 합니다. 동거 결혼식이라고도 하는데, 결혼식과 모든 것은 같지만 법적 관계는 맺지 않는 결혼식이라는 것입니다. 어떤 목사님이 동거 결혼식 예배를 주관하시고 "자녀들의 등쌀 때문에 재혼인 경우 이러한 결혼식이 의외로 많다."라고 하셨습니다. 재산 상속 문제가 자녀들에게는 큰 짐이 되는 모양입니다. 다양해진 사회에 다양해진 결혼식 풍경이 나이 든 세대에게는 금방 이해되지 않습니다.

결혼은 하나님 앞에서 한 가정을 이루는 소중한 서약입니다. 서로가

서로를 믿고 신뢰해야 어려운 일도 기쁜 일도 함께할 수 있습니다. 좋을 때만 함께하고 힘들 때는 헤어진다면, 우리가 가지고 있는 결혼관이 너무 세속적으로 변하고 있는 것이 아닐까 참 아쉬운 생각이 듭니다.

성경은 더 큰 틀에서 우리 인간이 진정 영원히 믿고 같이 갈 분은 예수 그리스도 한 분밖에 없다는 사실을 가르쳐 줍니다. 내가 외로울 때나 힘들 때 그리고 곤경에 처했을 때 믿어야 할 것은 배우자나 가족이지만 이보다 한 차원 더 높은 곳에서 우리를 품어 주시는 분이시기 때문입니다.

더구나 우리에게 가족이라는 끈이 약해진다면 더욱더 기댈 곳은 예수 그리스도밖에 없다는 생각이 듭니다. 신앙 없이 세상을 산다는 것은 정말 외롭고 힘든 인생길입니다.

내가 인생의 주인인 시대에 우리의 주인을 예수 그리스도로 바꾸고 그에게 순종하고 보호받는 인생을 산다면, 그 인생은 평안을 가져다주는 즐거운 인생이 될 것이라 확신합니다.

감사합니다.

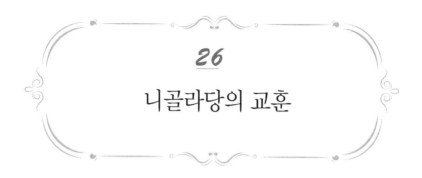

26
니골라당의 교훈

교회는 교회다워야 합니다. 목회자가 교회를 대표해도 이를 맹종하거나 잘못된 줄 알면서도 무조건 목회자 편에 서서 이해하고 따르는 것은 아니라는 생각을 해봅니다. 어떤 상황에서도 신앙적 신념과 교회적 가치관, 도덕성을 무시하면 안 됩니다.

　오늘은 오늘의 한국 교회가 당면한 안타까운 문제를 이야기해보려고 합니다. 다 아는 이야기임에도 그 누구도 자신 있게 꺼내려 하지 않기 때문입니다.

　성경 요한계시록에 매우 중요한 당의 이름이 나옵니다. 바로 주님께서 에베소 교회를 칭찬하시는 말씀입니다. "네가 니골라당의 행위를 미워하느냐. 나도 이것을 미워하노라."라고 하셨습니다.

　아울러 버가모 교회에 대해서도 "이와 같이 네게도 니골라당의 교훈을 지키는 자들이 있도다. 그러므로 회개하라. 그러지 아니하면 내가 네게 속히 가서 내 입의 검으로 그들과 싸우리라."라고 말씀하셨습니다.

　니골라당은 당시 교회를 어지럽히던 세력 중 하나로, 육체를 무시하고 영혼만 소중하게 여겼으며 율법이 전혀 소용없는 것이라고 주장하면서 하나님의 은혜 안에 있는 자는 무슨 일을 해도 죄가 되지 않는다는 잘못된 교리를 퍼뜨리고 다녔습니다.

또 그들은 교회 내에서 막강한 세력을 형성하고 백성을 지배한다는 정치 논리로 교인들을 억압하는 행위를 했습니다. 이런 니골라당을 주님은 아주 싫어하셨습니다. 우리 주변에도 혹시 이 니골라당 같은 교회나 지도자가 없는지 모르겠습니다.

요즘 주일이 되면 다섯 곳이나 되는 기독교 위성 채널과 IP 텔레비전을 통해 예배를 드리는 성도들이 많습니다. 이런 성도가 점점 더 늘고 있다고 합니다. 다양한 이유로 교회를 떠났겠지만 결국 이것은 한국 교회가 성도 교육이나 목회에서 성도들을 실망시켰기 때문입니다.

결국 교회의 교권주의, 권위주의, 물량주의가 만들어낸 결과일 수 있다는 생각을 해봅니다. 니골라당이 주장하는 것처럼 목회자가 자신의 잘못된 행동과 말이 정당하다는 생각을 하며 순종과 복종을 강조한 것이 성도들을 교회에서 떠나게 했을 수 있습니다.

교회는 교회다워야 합니다. 목회자가 교회를 대표해도 이를 맹종하거나 잘못된 줄 알면서도 무조건 목회자 편에 서서 이해하고 따르는 것은 아니라는 생각을 해봅니다. 어떤 상황에서도 신앙적 신념과 교회적 가치관, 도덕성을 무시하면 안 됩니다.

한국 교회가 교회에 염증을 느껴 떠난 성도들을 잘 감싸 안아 교회로 돌아오게 해야 합니다. 그러기 위해서는 존경받는 교회상을 만들고 교회의 도덕성을 바르게 회복하며, 재정의 투명성과 교회 본연의 정체성을 확립하는 것이 아주 중요하다고 생각합니다.

교회는 하나님의 집입니다. 교회 성장이라는 큰 틀 안에서 모든 것이

다 용납되어서는 안 될 것입니다. 세속적인 문화나 방법으로 성도를 모아도 이들을 바르게 양육하지 못하면 전도의 의미가 전혀 없습니다.

한국 교회에서 예수님이 미워하셨던 니골라당 같은 행위는 반드시 사라졌으면 합니다. 강단에 예수님의 십자가 설교와 열정적인 찬송가가 넘쳐나고 오직 예수님 중심의 교회로 거듭날 때 교회를 떠났던 성도들이 교회로 다시 돌아오리라 믿습니다.

그래서 우리 한국 교회가 예수님께 칭찬받는 교회가 되기를 간절히 기도합니다.

감사합니다

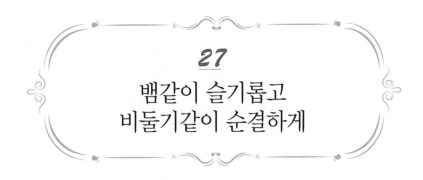

27
뱀같이 슬기롭고
비둘기같이 순결하게

하나님을 대적하는 자들과 영적 전쟁에서 승리하려면 비둘기같이 순결한 마음을 갖되 그들을 이길 수 있는 뱀의 지혜도 갖추어야 할 것입니다. 세상을 이길 힘과 지혜를 성령 하나님께 간구하는 우리 모두가 되었으면 합니다.

저는 성경을 읽다가 이해가 안 되거나 막히는 구절이 있으면 그 내용에 담긴 하나님의 뜻이 무엇인지 집중적으로 연구해 결국 그것을 알아내는 것에 큰 기쁨을 느끼며 신앙생활을 해왔습니다.

그런데 '뱀같이 슬기롭고 비둘기같이 순결하라'는 성경 말씀을 이해하는 데에는 참으로 오랜 시간이 걸렸습니다. 뱀은 사탄을 뜻하는데 어떻게 뱀을 높이며 슬기롭다고 말씀하실까? 신앙생활을 하면서 오랫동안 궁금해했던 구절이었습니다. 그리고 '과연 사탄이 슬기로울까' 하는 생각도 들었습니다.

그런데 막상 내용을 알고 보니 이 말은 중동 지방에서 널리 민간에 전해 내려오는 속담 중의 하나였습니다. 그래서 당시 사람들에게 이해하기 쉽게 이 예화를 들어 말씀하신 것이라고 생각됩니다.

저는 오랫동안 많은 사람을 만나고 겪어 보았습니다. 지혜로운 사람도 많이 만나 보았고 순결함이 없는 악한 사람도 많이 만났습니다. 그런데 실상 순결하기보다는 지혜로우면서 간교한 사람을 많이 본 것 같습니다. 보기에는 정말 착한 하나님의 사람 같은데, 오히려 큰 피해를 주는 사람도 상대해 보았습니다.

사도 바울은 특히 교회 안 지도층에서 미혹하는 사탄의 모습을 발견하고 경계하라고 말씀하십니다. 교회 내에서 그리고 세상에서 영적 분별력이 없으면 미혹되기가 쉽습니다. 하나님께 영적 분별력을 주시기를 간구해야 합니다. 기존 신자들 중에서 얼마나 많은 사람들이 이단과 사이비에 빠져 미혹되어 있는지 모릅니다. 영적으로 무지하고 분별력이 없기 때문입니다. 영적으로 깨어 있지 못해 당하는 것입니다.

정말 순수한 마음만 가지고 열정적으로 전도하는 많은 성도를 만나 보았습니다. 그런데 길거리에서나 직장에서나 그들은 마음만 앞서 좋은 성과를 내지 못하고 오히려 미움 받는 존재가 되어버리기도 합니다. 여기에 지혜가 없기 때문입니다.

수년 전 강남 한복판 중심가에서 노상 음악회를 열었습니다. 많은 경비를 들여 좋은 음악가들을 섭외하고 좋은 취지에서 많은 일손을 동원했습니다. 이곳에서 젊은이들이 찬양을 듣고 기독교에 관심을 가지길 바라는 의도였습니다.

그런데 막상 돌아온 것은 주변 상가 주민들의 항의와 반발이었습니다. 찬양을 큰 소음으로 받아들였고 모여 있는 것도 교통 방해라고 비난을 받았던 것입니다. 더 지혜로운 방법도 있었는데 미숙했던 것이 아닌가 하고 반성했습니다.

어떤 사람은 '비록 사람들은 비난해도 하나님은 기뻐하셨을 것'이라고 위로했지만 저는 '정말 그럴까, 좀 더 지혜롭게 하는 방법은 없었을까? 우리가 전도를 할 때 열정과 믿음만 가지고 한다고 해서 그것이 과연 효과가 있을까?' 하는 생각을 했습니다.

지하철에서, 서울역에서 큰 소리로 전도하는 분들과 내가 무엇이 달랐을까 생각하며, 순결한 마음만 가지고 세상을 이길 수 있을까 하고 생각해보는 계기가 되었습니다.

어떤 종교 지도자는 예수님 이외에도 모든 종교가 구원에 이를 수 있다고 외칩니다. '세계 평화'나 '소외받는 자'를 강조하고 이들을 위한다고 포장하면서 목적을 달성하는데, 진리를 가지고도 제대로 전파하지 못한다면, 그 방법이 더 지혜로워져야 한다는 깨달음을 받았습니다.

이제는 하나님을 대적하는 자들과 영적 전쟁에서 승리하려면 비둘기같이 순결한 마음을 갖되 그들을 이길 수 있는 뱀의 지혜도 갖추어야 할 것입니다. 세상을 이길 힘과 지혜를 성령 하나님께 간구하는 우리 모두가 되었으면 합니다.

감사합니다.

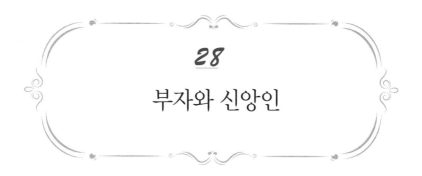

28
부자와 신앙인

하나님 안에서 이룬 선한 물질이 하나님 안에서 보람 있고 가치 있게 쓰인다면 그것은 진정 하나님께 영광을 올려드리는 귀한 믿음의 사업이 아닐 수 없습니다.

오늘은 신앙인이라면 누구나 한번은 생각해 보게 되는, 신앙인에게 부자란 어떤 의미인가를 이야기해 보려고 합니다.

저는 교회를 다니던 아주 어렸을 때부터 걱정했던 것이 하나 있었습니다. 부자가 천국에 들어가는 것은 낙타가 바늘구멍에 들어가는 것과 같다는 성경 구절 때문이었습니다. 저는 부자가 되고 싶었는데도 이로 인해 천국에 못 가면 어떻게 하나라고 걱정했던 것입니다.

제가 오랜 기간 많은 사람을 사업상 상대하다 보니 대인관계에서 공통적으로 느껴지는 부분이 하나 있습니다. 그것은 부자에 대해 선입견이랄 수도 있고 일종의 거부감을 보이며 안 좋게 생각하는 분이 의외로 많다는 사실이었습니다. 반면에 가난한 사람들에겐 연민을 느끼고 이들이 아주 착하고 선한 소시민들이라고 생각하는 분들이 많았습니다.

부자와 가난한 자에 대한 인식의 차가 비교적 컸습니다.

그런데 아이러니하게 모든 사람은 다 부자가 되기를 원하고 있었습니다. 사람을 평가할 때도 그 사람의 인격보다는 그 사람이 얼마나 경제력이 있는가를 먼저 따지는 이중적 사고를 보여주곤 했습니다.

언젠가 제가 중학교와 고등학교에서 사회 과목을 가르치는 교사들에게 경제 강의를 하고 토론할 기회가 있었습니다. 그런데 사회과 교사 대부분이 생각보다 심하게 기업인에 대한 안 좋은 감정을 갖고 있었습니다. 기업은 탈세만 하고 노동자를 착취한다는 인식이 팽배했습니다. 기업주만 배를 불린다고 생각하는 분이 많았습니다. 저는 그 자리에서 선생님들에게 이렇게 말했습니다.

"선생님들은 학교만 오가며 넓은 세상을 접해보지 않고 가르치기만 전념해 왔습니다. 혹시 여러분이 부자가 갖는 부정적인 부분만 학생들에게 부각시키지는 않는지요? 우물 안을 벗어나 넓은 강가의 별들도 보고 모래알도 봐야 진정 좋은 의미의 교육을 할 수 있는 것이라고 저는 생각합니다. 부자가 사회와 나누는 많은 공헌도 보아 주길 바랍니다."

그래서 저는 교사는 꿈과 희망을 제자들에게 주고, 그 제자들이 넓은 세상 속에서 기업가와 과학자, 정치가가 되어야 교육자로서 보람을 느낄 것이 아니겠느냐고 강조했습니다. 기업가의 진취적 활동은 경제를 활성화시키는 원동력이기에 기업이 잘되는 나라가 결국 선진국이 되고 경제력도 높아지며 국민이 잘살게 되는 것이라고 간곡히 설명했습니다. 기업인에 대한 잘못된 인식을 고쳐야 한다고 역설했습니다.

내 말이 끝나자 많은 선생님들이 공감해주었습니다. 자신들이 그저 이론적으로 여기고 배운 교육의 한계를 느낄 수 있었다고 말했습니다. 제 강의를 통해 한쪽만 바라보았던 세상을 폭넓게 다시 이해하는 데 도움이 되었다고 말했습니다.

저는 하나님 앞에 신앙을 가진 믿음의 부자들이 많이 나와야 한다고 생각합니다. 이분들이 '나의 모든 것은 하나님의 것이고 나는 청지기입니다'라고 고백하고 전적으로 하나님만 의지한다면 진정 하나님이 기뻐하는 일들이 넘치게 생길 것이라 여겨집니다. 하나님 안에서 이룬 선한 물질이 하나님 안에서 보람 있고 가치 있게 쓰인다면 그것은 진정 하나님께 영광을 올려드리는 귀한 믿음의 사업이 아닐 수 없습니다.

내 모든 것은 주의 것이고 나는 주의 나라와 그의 의를 위하여 물질을 쓴다는 청지기 정신이야말로 진정한 크리스천 기업가의 정신이자 주님께서 원하시는 삶이 되리라고 생각해 봅니다.

감사합니다.

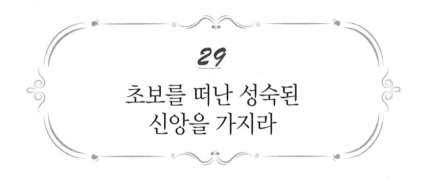

29
초보를 떠난 성숙된 신앙을 가지라

전 세계 기독교인이 성경을 통해 하나가 되고 서로 교통하면 하
나님의 문화가 세계 모든 나라에 뿌리내릴 수 있습니다. 신앙
안에서 하나가 되어 교제하고 행복한 삶을 추구하는 것이 바로
하나님께서 원하시는 뜻이라 여겨집니다.

　오늘은 우리 대한민국이라는 이름의 가치가 기독교와 어떻게 연결되
는지를 생각해 보고자 합니다. 제법 오래전 공무원 연수원에서 저를 강
사로 초청했습니다. 200여 명의 공무원들에게 바람직한 공무원의 자
세에 대해 기업가의 위치에서 이야기해달라는 것이었습니다.

　그날 저는 공무원의 봉사 대상은 첫째가 국가요, 둘째는 국민, 셋째
는 기업이라고 말했습니다. 특별히 기업은 국가 산업 경쟁력의 주체가
된다고 했습니다. 기업을 통해 일자리가 창출되며, 국가는 기업으로부
터 세금을 받아 나라 살림을 운영하고 그 돈으로 공무원 급여도 지급
하기 때문입니다. 그러므로 공무원은 기업을 호령하고 관리, 감독해야
하는 대상으로 볼 것이 아니라 협력하고 도와주며 함께 나아가는 대상
으로 보는 것이 옳다고 이야기하자 모두들 수긍하는 눈치였습니다.

저는 신앙인으로서 강하다고 느낄 때 겸손하지 않으면 하나님께서 높이 써주시지 않는다는 사실을 압니다. 하나님은 때로 무식한 사람을 들어 지식 있는 자들을 부끄럽게 하시는 분이기 때문입니다.

국제화 시대에 여러 나라를 상대로 사업을 하다 보니 국가의 위상이 얼마나 사업에 큰 영향을 미치는지 모릅니다. 제 아무리 약효가 좋고 가격이 저렴해도 한국 제품이라면 무조건 무시받았던 것이 얼마 전까지의 현실이었습니다. 미국이나 유럽 제품은 질이 떨어져도 무조건 선호하는 경향이 있습니다.

특히나 21세기에는 문화적 파워도 커야 합니다. 그리고 이 문화에 포함되는 종교적 파워도 큰 역할을 하게 됩니다. 한국은 기독교가 크게 융성해 세계 최대의 교회들이 한국에 많이 있고 이를 부러워하고 또 그곳을 가보고 싶어 하는 무역상이나 중개상들이 참 많습니다.

그래서 그들이 한국에 왔을 때 원하는 교회를 안내해 예배를 드리게 하고 신앙적인 도움을 주면 크게 기뻐하면서 사업에도 많은 도움을 받곤 했습니다. 여기서 제가 느낀 것은 국가의 위상과 문화, 종교가 우리나라 상품의 가치를 높여주어 거래 확대에 직접적인 도움을 주게 된다는 사실이었습니다.

저는 개발도상국의 바이어 중 기독교인을 초청해 국내 관광이나 이태원 쇼핑 그리고 교회 예배 프로그램을 연결해 주면 수출에 크게 도움이 될 것 같다는 생각까지 해 보았습니다.

전 세계 기독교인이 성경을 통해 하나가 되고 서로 교통하면 하나님의 문화가 세계 모든 나라에 뿌리내릴 수 있습니다. 신앙 안에서 하나가 되어 교제하고 행복한 삶을 추구하는 것이 바로 하나님께서 원하시는 뜻이라 여겨집니다.

저는 사업이 어려울 때마다 성경 읽기를 통해 지혜를 얻고 사업의 방향을 결정해 왔습니다. 처음에는 성경 내용이 온통 의문투성이였는데 7번 정도 성경을 통독하는 과정에서 성경 전체가 파노라마처럼 펼쳐지는 것을 체험했습니다. 성경의 모든 이야기를 믿을 수 있게 되었습니다.

성경에 '초보를 떠나 온전한 데로 가라'는 말씀이 있습니다. 예수를 믿는다고 하면, 주일예배를 드리고 기도하면서 성경을 읽는 1차적인 범주를 벗어나 성경을 탐구하고 더 공부해야 한다고 생각합니다. 교회 안의 신자로만 머물 것이 아니라 세상을 향해 담대하게 목소리를 내고 신앙과 삶이 일치되는 모습을 통해 성도의 모범을 보여야 할 것입니다.

감사합니다.

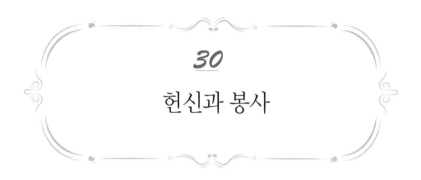

30

헌신과 봉사

교회는 하나님께 영광을 올려드리는 예배하는 곳입니다. 말씀
과 기도로 시작되고 전도로 이어져야 합니다. 가난한 자, 고통
받는 자들을 돕기에 더욱 힘쓴다면 성도의 따뜻한 헌신이 차고
넘쳐날 수 있다는 것을 느끼게 됩니다.

오늘은 우리 기독교인들의 헌신과 봉사에 대해 이야기를 나누고자 합
니다.

제법 오래전 한 기독교 방송사 선교국에 허름한 차림의 할머니 한
분이 찾아오셨다고 합니다. 그분은 자신이 그동안 살아온 이런 이야기
저런 이야기를 끝없이 늘어놓으셨다고 합니다. 선교국 담당자는 찾아
온 손님이기에 차를 대접하고 정성껏 이야기를 다 들어주었다고 합니
다.

모두 깜짝 놀랄 일이 그다음 날 생겼습니다. 그분이 떠나면서 선교
헌금 1억 원 정도를 모아 놓은 것이 있는데 어느 곳에 헌금을 할까 생
각 중이라며 말하고 돌아가셨다고 합니다. 그런데 바로 다음 날 방송
사 계좌번호로 정확히 1억 원이 입금되었다는 것입니다.

할머니는 자신의 모든 재산을 기부하려고 이 단체 저 단체를 다니다 이 방송국에 들르게 되었고, 어느 곳보다 더 따뜻하게 대해준 이 방송국에 돈을 보낸 것이라 여겨집니다. 따뜻한 차 한 잔 값이 1억 원의 헌금으로 바뀐 이야기입니다.

또 다른 이야기도 있습니다. 모 선교 단체가 건물 보증금 5000만 원을 더 내지 않으면 지금까지 쓰고 있던 사무실을 비워주어야 할 입장에 처했는데 대책이 없어 아침 기도 모임에서 이 사정을 이야기했다고 합니다.

100여 명이 모이는 작은 기도 모임이라 큰 기대를 안 했는데 무려 두 분이나 각각 5000만 원을 들고 대표를 찾아왔다는 것입니다. 그러나 선교회 대표는 한 분에게 이렇게 많은 돈을 받는 것은 부담된다고 모두 거절했습니다. 그러자 100여 명의 기도 회원들이 50만 원, 100만 원씩 헌금해 다시 필요한 5000만 원을 모았다는 이야기를 들었습니다.

이 모습에 저는 한국 성도들의 깊은 신앙심이 느껴져 크게 감격하지 않을 수 없었습니다. 한국 교회의 특징은 이처럼 믿음이 뜨거운 성도, 헌신하길 좋아하는 성도들이 매우 많다는 점입니다. 한국 기독교인의 믿음과 헌신은 세계 어디에서도 본이 될 만합니다.

이러한 따뜻한 헌신은 하나님을 기쁘게 하고 하나님의 뜻을 이 땅에 이루게 하는 보람된 일이라고 하지 않을 수 없습니다.

진실한 마음으로 선교하고 또 간절히 기도하면 전능하신 하나님은 반드시 그 길을 열어 주시고 하나님의 뜻을 이 땅에서 이루어 가신다는 점을 다시 한번 확인할 수 있는 흐뭇한 일들이었습니다.

우리 주변의 기독교인들 중에 정말 물질이 하나님의 뜻대로 잘 사용

된다면 따뜻한 헌신을 할 성도들이 참 많습니다. 교회가 헌금을 하나님 사업에 제대로 또 바르게 쓴다면 교회에 대한 성도들의 헌신과 헌금은 더 늘어나지 않을까 생각해 봅니다.

많은 크리스천이 자리를 잡고 경제적 여유가 생기고 은퇴한 뒤에 하나님의 일에 헌신하고 봉사하겠다고 합니다. 그러나 그때는 이미 차가 지나가 버린 뒤일 수 있습니다. 지금 바로 이 시간이 내가 주님께 헌신하고 봉사할 수 있는 최적의 시간이라는 사실을 알아야 합니다. 나중에 가슴을 치고 후회하며 반성하는 신앙인이 되지 않길 바랍니다.

교회는 하나님께 영광을 올려드리는 예배하는 곳입니다. 말씀과 기도로 시작되고 전도로 이어져야 합니다. 가난한 자, 고통받는 자들을 돕기에 더욱 힘쓴다면 성도의 따뜻한 헌신이 차고 넘쳐날 수 있다는 것을 느끼게 됩니다. 오늘도 하나님을 높여드리기 위해 헌신하고 봉사하는 많은 성도님들을 참으로 존경하지 않을 수 없습니다.

감사합니다.

"날마다 마음을 같이하여 성전에 모이기를 힘쓰고 집에서 떡을 떼며
기쁨과 순전한 마음으로 음식을 먹고 하나님을 찬미하며
또 온 백성에게 칭송을 받으니 주께서 구원받는 사람을
날마다 더하게 하시니라"(행2:46-47)

교회의 정체성을 회복하자

31

강단에서 회복되어야 할 찬송가

특히 거룩해야 할 주일예배에 드럼이 동원되고, 록풍의 CCM이나 템포가 빠른 감각적 리듬에 그저 가사만 복음적으로 끼운 곡들을 사용하는 것은 최소한 삼가야 한다는 것이 저의 생각입니다.

오늘은 제가 수년 전부터 전개해온 찬송가 부르기 운동과 한국 교회에서 찬송가가 회복되어야 한다는 이야기를 다시 한번 하려고 합니다. 많은 분이 제가 이 운동을 하는 것에 대해 의아해합니다. 교회에서 하나님을 경배하고 예배하며 드리는 찬양은 다 비슷한데 무슨 찬송가 회복 운동을 하느냐고 말을 합니다.

찬송은 곡조 있는 기도입니다. 은혜로운 찬송은 하나님을 영화롭게 하며 우리의 영성과 믿음을 깨우는 통로가 되어준다고 믿습니다. 그래서 찬송가는 종교개혁 이후 수백 년을 거쳐 은혜로운 가사와 곡조로 이어져 왔고 여전히 우리 곁에서 성경 말씀과 함께 신앙생활에 큰 힘이 되어주고 있습니다.

그런데 제가 판단하기에 언제부터인가 한국 교회와 성가대에서 전통적으로 불러온 은혜스러운 찬송가가 점점 줄어들고 대신 그 자리를 복음성가와 CCM이 주인처럼 차지하고 있는 점에 대해 안타까움을 느끼게 되었습니다.

교회 성가대도 가사와 곡조가 우리에게 익숙한 찬송가로 목사님 말씀 전에 힘 있게 불러 주면 좋으련만 처음 듣는 어려운 성가곡이나 칸타타 등을 열심히 연습해 찬양하는 것을 자주 보게 됩니다. 물론 성가대의 음악적 예술성은 인정받을지 몰라도 성도들에게 크게 은혜는 끼치지 못하는 곡들이라고 저는 생각합니다.

우리가 오랜 기간 불렀고 들었던 친숙한 찬송가가 요즘 예배에서는 무거운 찬양 음악으로 치부되어 버린 현실이 개인적으로 크게 안타깝습니다. 그래서 제가 교회에서 전통적인 찬송가를 더 많이 부르자며 이 운동을 혼자서 열심히 펼치고 있는 것입니다.

특히 거룩해야 할 주일예배에 드럼이 동원되고, 록풍의 CCM이나 템포가 빠른 감각적 리듬에 그저 가사만 복음적으로 끼운 곡들을 사용하는 것은 최소한 삼가야 한다는 것이 저의 생각입니다.

뉴에이지풍 음악, 트로트 음악, 로큰롤 음악 등 모든 장르의 음악이 단지 가사만 신앙적 내용을 담았다고 다 찬양곡이 되지 않습니다. 그 음악들의 기원을 거슬러 올라가 보면 명상과 히피문화, 문란한 이성관계가 배경이 된 것을 알 수 있기 때문입니다.

이렇게 교회마다 점점 더 찬송은 귀해지고 자극적인 음악이 열린 찬양이란 이름으로 퍼져 가고 있습니다. 강한 메탈 음악을 사용하는 CCM을 부르면 일부 청년들이 그 교회로 대거 이동하는 현상도 있다는 이야기를 들었습니다.

복음적이고 전통적인 찬송가가 더 많이 교회에서 불리어야 합니다. 그래서 제가 이사장으로 있는 유나이티드문화재단에서는 작년에 전통 찬송가만 부르는 찬양제를 두 번 개최해 기독교 영상매체를 통해 수차례 방영했습니다. 오는 4월 20일에도 어린이 성가대들이 모여 우리에게 친숙한 찬양 30여 곡을 부르고 이 역시 영상을 타도록 후원했습니다. 앞으로도 이런 찬송가 음악회를 계속 더 지원하려고 합니다. 아울러 찬양을 활성화하기 위한 큰 단체를 만들어 찬송가 회복 운동을 기본으로 찬양을 통해 복음을 전하고 찬양 사역자들도 배출하는 통로가 되도록 도울 생각입니다.

음악은 만국 공통어입니다. 찬양은 곡조 있는 기도입니다. 은혜로운 찬양과 가사가 많은 영혼을 그리스도에게로 돌아오게 할 수 있습니다.

성경 말씀이 교회의 중심이 되고 전통 찬송가로 하나님을 찬양함으로 영광을 올려드리는 교회가 더 많이 나오길 바라는 마음 간절합니다.

감사합니다.

32
교회가 결코 양보할 수 없는 동성애

우리의 자녀들이 동성애 문화를 쉽게 받아들이고 여기에 세뇌된다면 우리나라 역시 동성 부부를 인정하는 동성애 나라가 될지도 모릅니다.

교회에서 다루기를 꺼리는 동성애 문제를 이야기해 보려고 합니다. 오늘날 유럽을 중심으로 세계 40여 개국에서 동성애를 인정하고 동성 결혼을 허용하거나 거기에 법적 지위를 인정해 주고 있습니다. 참으로 놀라운 시대를 우리가 지금 살아가고 있습니다.

아직 아시아권에서는 대부분 동성애를 수용하고 있지 않습니다. 그러나 동성애를 인정하는 분위기가 점점 늘어나고 있는 추세여서 지구촌이 언제 동성애에 다 점령당할지 심히 우려스럽습니다.

기독교는 성경에서 동성애를 결코 인정될 수 없는 죄로 명확하게 규정합니다. 레위기에서는 "너는 여자와 동침함같이 남자와 동침하지 말라 이는 가증한 일이니라"라고 했습니다. 디모데후서에서도 바울이 "미혹을 받지 말라 음행하는 자나 우상 숭배하는 자나 간음하는 자나 탐색하는 자나 남색하는 자"로 못을 박았습니다.

그럼에도 기독교계 일부 진보 목회자와 진보 성향의 성도, 자유주의 신학자들은 동성애는 죄가 아니며 그들을 긍휼의 대상으로 삼아 보듬고 이해해야 한다는 목소리를 높이고 있습니다. 세상이 변했으니 교회도 시류를 따라 변해야 한다며 말합니다. 더 나아가 동성애자의 성직 임용까지 허용돼야 한다고 말하는 이들이 있습니다.

저는 이런 주장을 하는 분들은 결코 진정한 목회자나 신학자가 아니라고 생각합니다. 하나님의 말씀과 명령을 믿지 않는 자들이기 때문입니다. 교회는 세상 문화와 풍조를 따라가서는 안 된다고 예수님은 분명히 가르쳐 주셨습니다. 세상에서 아무리 떠들어도 우리는 우리가 가진 빛을 사람 앞에 비추어 그들이 우리를 보고 하늘에 계신 아버지께 영광을 돌리게 하라고 한 말씀을 꼭 기억했으면 합니다.

저는 이런 점에서 한국 교회 반동성애 운동의 최일선에 서서 열심히 활동하시는 여러 사명자들을 아주 귀하게 생각합니다. 이분들은 각자 나름대로 편안하고 안정된 삶을 살 수 있지만 그보다 동성애의 폐해가 얼마나 큰지 직접 체험한 뒤 이를 막아야 한다는 신앙적 사명감에 다양한 채널을 통해 반동성애 운동에 앞장서고 있기 때문입니다.

그들은 지금도 교회와 학교, 직장에 퍼진 동성애의 문제점을 들추어내고 이를 바로잡아야 한다는 목소리를 높이고 있습니다. 한국 교회가 이분들의 활동을 적극 응원하고 도와야 할 것입니다.

한국 사회에서 이제 차별금지법 법안이 통과되면 동성애를 금기시하거나 강단에서 동성애를 죄라고 설교하면 무수히 많은 고소 고발 사례가 나올 것이 예상됩니다. 외국에 만연된 동성애가 한국에서도 공공연하게 이뤄지고 동성애 지위가 법적으로 보장되면 그 목소리는 더욱 거세고 커질 것이 분명합니다.

지난해까지 서울광장에서 퀴어 축제라는 이름으로 동성애자들의 행사가 크게 열렸습니다. 우리의 자녀들이 동성애 문화를 쉽게 받아들이고 여기에 세뇌된다면 우리나라 역시 동성 부부를 인정하는 동성애 나라가 될지도 모릅니다.

동성애는 후천적 요인이 더 많아 노력하면 얼마든지 치료가 가능하다는 이야기를 들었습니다. 기도함으로 신앙의 힘으로 고칠 수 있다고 합니다. 한국 교회가 동성애에 대한 위기의식을 갖고 성도들을 바르게 교육하며 그 예방과 치료에 깊은 관심을 가졌으면 합니다.

감사합니다.

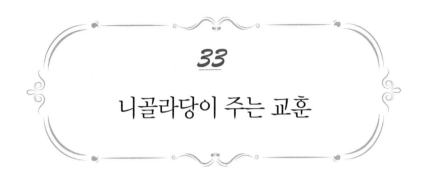

33

니골라당이 주는 교훈

교회를 떠난 이들 중에서 교회만큼은 누구나 평등하고 서로 섬
기고 사랑이 많을 것으로 기대했는데 그렇지 못한 것에 실망했
다는 이들이 많았습니다.

성경에 나오는 니골라당 이야기를 나누고자 합니다. 성경 요한계시
록을 보면 에베소 교회를 칭찬하는 말씀 중에 "네가 니골라당의 행위
를 미워하느냐. 나도 이것을 미워하노라."라는 말씀이 나옵니다. 또 버
가모교회에 대해서도 "이와 같이 네게도 니골라당의 교훈을 지키는 자
들이 있도다. 그러므로 회개하라. 그러지 아니하면 내가 네게 속히 가
서 내 입의 검으로 그들과 싸우리라."라고 말씀합니다.

니골라당은 당시의 교회를 어지럽히던 이단 중 하나로, 육체를 무시
하고 영혼만 소중하게 여겼고, 율법이 전혀 소용없는 것이라고 주장하
면서 하나님의 은혜 안에 있는 자는 무슨 일을 해도 죄가 되지 않는다
는 교리를 퍼뜨리고 다녔습니다.

또 그들은 교회 내에서 막강한 세력을 형성하고 성도들을 지배한다

는 정치 논리를 가지고, 교회 내 계급을 형성하고 일반 교인들을 억압하는 행위를 했습니다. 교회의 큰 세력으로 군림한 이 당을 주님은 아주 싫어하셨습니다.

요즘 가나안 교인이라는 새로운 단어가 교인들 사이에 이미 정착되어 있습니다. 다 아시겠지만 가나안을 거꾸로 하면 '안나가'인데, 이는 교회에 나가지 않고 집에서 영상예배를 드리는 기독교인을 지칭한다고 합니다. 이들의 수가 무려 100만 명이 넘는다고 합니다.

이런 가나안 교인을 만들어낸 요인이 다양하게 있겠지만, 아마도 가장 큰 이유는 주님이 싫어하신 니골라당 같은 조직이 교회에 많기 때문이 아닌가 생각해 봅니다. 성도들에게 군림하는 일부 목회자와 장로 그리고 직분자들의 잘못된 도덕성, 윤리성이 교회에 등을 돌리게 합니다.

잘못인 줄 알면서도 무조건 목회자 편에서 맹종하고 따르는 장로들에게도 실망해서 교회를 떠난 사람들도 적지 않습니다. 사회보다 앞선 도덕성을 생각했던 교인들을 교회가 크게 실망시킨 경우도 많습니다. 교회를 떠난 이들 중에서 교회만큼은 누구나 평등하고 서로 섬기고 사랑이 많을 것으로 기대했는데 그렇지 못한 것에 실망했다는 이들이 많았습니다.

교회는 이 가나안 교인들을 다시 교회로 나오게 해야 합니다. 존경받는 교회상을 만들고 다시 교회 본래의 정체성을 확립하는 것이 매우 중요하다고 생각합니다.

올해 초부터 전 세계를 휩쓴 코로나19 바이러스의 여파로 다중 군집이 제한되므로 모든 교회가 예배를 인터넷을 통한 화상예배로 대체하게 되었습니다. 금방 끝날 줄 알았던 코로나19 바이러스 충격은 장시간 계속되어 교회 예배의 패러다임을 바꾸어 놓고 말았습니다. 집 안에서 편안하게 예배드리는 방식에 익숙해져 버린 성도들이 모든 상황이 정상이 되더라도 교회에 나오지 않게 되지 않을까 심히 우려됩니다.

한국 교회는 교회 성장만 내세우지 말고, 세속문화를 교회와 연결하지 말고, 예수님 중심의 교회로 거듭나야 할 것입니다. 그래서 에베소 교회처럼 칭찬받는 한국 교회가 되기를 간절히 기도해 봅니다. 수많은 가나안 교인들이 다시 교회로 돌아와 하나님을 찬양하고 예배드리며 영광을 올려드릴 수 있길 기대합니다.

감사합니다.

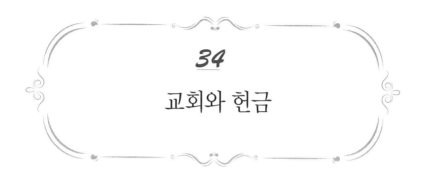

34
교회와 헌금

교회 십일조 문제는 성도들이 지켜야 할 부분이지만 그것이 신
앙의 척도로 사용되어서는 결코 안 될 것입니다. 교회가 경제력
있고 헌금 많이 내는 성도만 인정해 주고 대우해 준다면 초대교
회에 있었던 모순이 재현되고 있는 것이라 아니할 수 없습니다.

　오늘은 좀 조심스럽지만 우리 크리스천들의 신앙생활에서 중요한 부
분을 차지하는 헌금에 대한 이야기를 해보려고 합니다. 수년 전에 신
문에 실린 한 목사님의 글을 우연히 읽게 되었습니다. 새로운 교인이
입교하면 우선 십일조 헌금하는 것부터 철저히 가르쳐야 된다는 내용
이었습니다. 헌금은 신앙생활의 중요한 부분이고 하나님께 헌신하는
매우 중요한 과정임을 역설했습니다. 그리고 교회가 이 헌금을 사용할
곳이 아주 많다는 것이 글의 요지였던 것으로 기억합니다.

　저는 그런데 이 글이 마음에 썩 와 닿지 않았습니다. 그 이유는 신앙
을 시작하는 새 신자에게 너무 큰 부담을 주는 것은 아닌가 하는 생각
과 또 이로 인해 부담을 느끼고 신앙생활을 포기하면 어쩌나 하는 우
려 때문이었습니다. 아울러 헌금으로 고민하는 많은 분을 보았는데 특

히 실직하거나 정년을 지나신 분들의 이야기는 가슴에 와 닿았습니다.

초대교회에서는 율법을 이방인들에게 강요할 것인가에 대해 논의했는데 특히 할례 문제가 심각했습니다. 이때 바울과 바나바는 이방인 교인들을 율법에서 해방시켜 주자고 주장했고, 베드로 또한 같은 생각이었습니다. 결국 이 결정은 이방인 전도의 길을 좀 더 쉽게 열어주었습니다.

교회의 헌금 문제는 종교 개혁의 큰 원인이 되기도 했습니다. 루터는 천주교에서 시행하고 있던 면죄부 판매 문제를 이유로 교회 개혁에 착수했고 이는 오늘날 개신교의 시작이 되었습니다. 당시 교회는 베드로 성당 건축 등 돈 쓸 곳이 너무 많아 무모한 교리를 만들어 냈던 것입니다.

세계사를 보면 교회는 부유하고 권력이 강할 때 가장 부패했고 쇠퇴했습니다. 하지만 박해가 심하고 어려울 때 교회는 강하고 힘 있는 영적 능력을 갖추어 왔습니다. 어려울 때 신앙이 더 성장했습니다. 현재 한국은 세계적인 모범 교회 성장 국가이지만 요즘 한국 교회의 도덕성은 많이 쇠락한 상태로 국민으로부터 존경을 받지 못하고 있습니다. 그 결과 기독교 교인 수는 점점 줄어들고 있습니다.

어느 교회 집사님 한 분이 50년 이상 나가던 교회를 더는 나가지 않고 인근 동네 교회로 옮겼다고 합니다. 그 이유가 너무나 안타까웠습니다. 그 집사님은 경제적으로 어려운 상태라 십일조를 내지 못했는데 이것이 이유가 되어 장로 장립 대상에서 제외된 것을 알았다고 합니다. 교회가 온 교인들 앞에 자신을 부끄럽게 만들었는데 어떻게 교회에 나갈 수 있느냐는 것이 그 집사님의 항의였습니다.

교회 십일조 문제는 성도들이 지켜야 할 부분이지만 그것이 신앙의 척도로 사용되어서는 결코 안 될 것입니다. 교회가 경제력 있고 헌금 많이 내는 성도만 인정해 주고 대우해 준다면 초대교회에 있었던 모순이 재현되고 있는 것이라 아니할 수 없습니다.

한국 교회는 주일 헌금과 십일조 헌금 말고도 선교 헌금, 절기 헌금, 구역 헌금 등 헌금 종류가 참 많습니다. 하나님께 정성껏 넉넉하게 많이 헌금하고 이것이 효과적으로 선교와 구제, 봉사에 잘 쓰인다면 이는 가장 바람직한 헌금의 모습이 아닐 수 없습니다.

그러나 교회는 넉넉히 드리지 못하는 가난한 성도들의 마음도 잘 헤아리고 배려해야 합니다. 어려움에 빠진 교인, 생계가 어려워진 교인들을 보살피는 노력이 있었으면 합니다. 헌금이 의무감 이전에 마음에서 우러나와 하나님께 올려드리는 최상의 헌신이 되도록 한국 교회가 잘 교육해야 한다고 생각합니다.

감사합니다.

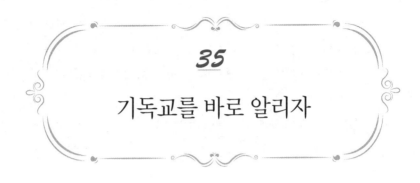

35

기독교를 바로 알리자

성경은 부모에 대한 효도를 몹시 중요하게 가르칩니다. 교회에서도 목사님들이 부모님께 효도하는 것을 자주 설교 주제로 삼곤 합니다. 기독교는 부모님에 대한 감사를 중요하게 가르치는 종교입니다.

오늘은 우리 기독교인들이 기독교에 대해 잘못된 인식이나 편견을 갖고 있는 주변 사람들이 기독교 신앙을 바르게 이해할 수 있도록 노력해야 한다는 점을 이야기하려고 합니다.

아주 오래전 일입니다. 경상도가 고향인 친구에게 경사가 있어 부부 동반으로 축하 자리에 참석해 모처럼 친구들과 긴 시간 이야기꽃을 피운 적이 있습니다. 경상도 친구들이라 부인들도 모두 경상도 출신이었는데 나만 고향이 달라 좀 어색할 정도였습니다.

친구들과 대화하는 중에 갑자기 종교 이야기가 나와 논쟁이 벌어졌습니다. 제가 친구들에게 종교가 있느냐고 묻자 모두 불교라는 답이 돌아왔습니다. 저는 친구들이 절에 다닌다는 이야기를 한 번도 들은 적이 없어서 의아하게 여겨 어떻게 불교라고 생각하느냐고 되물었습니다.

그러자 그 답이 걸작이었습니다. "우리 어머니가 절에 열심히 다니시는데 어떻게 내가 불교 신자가 안 될 수 있겠느냐"는 대답이었습니다. 그래서 제가 "그런데 너희들은 왜 절에 정기적으로 나가서 신앙을 표현하지 않느냐. 그러면서 무슨 불교 신자라고 하느냐"고 되물었습니다. 그랬더니 친구들도 지지 않았습니다. "그래도 1년에 한 번은 가고 등산을 하면 꼭 절에 들러 절한다"라고 응대했습니다.

이때 저도 질문의 고삐를 늦추지 않았습니다. "그래도 믿으려면 불경도 읽고 자주 절에 나가야지 그렇게 대충대충 하면 부처님이 노여워하실 것"이라며 농담 삼아 이야기했습니다. 그러자 바로 제가 믿는 기독교에 대한 공격이 들어왔습니다. "그래도 우리는 제사를 지내며 조상들을 잘 모시는데 기독교인들은 제사도 안 지내고 조상도 모르는 종교 아니냐"고 비난했습니다. 그리고 "우리가 교회에 나가고 싶어도 제사를 못 지내게 하니 그건 윤리와 도덕상 잘못된 것이라 생각해 못 나간다"는 의견까지 덧붙였습니다.

이에 저는 "보통 크리스천들은 부모님 기일에 추모예배를 드린다. 나도 그렇게 하고 있다. 그리고 가족끼리 모여 식사도 나누며 부모님의 은혜에 감사하는 시간을 가진다. 향을 피우지 않고 절하지 않을 뿐, 부모님을 추모하는 마음은 다 같다"라고 말했습니다.

그러자 친구들은 몹시 놀라워했습니다. "우리가 옛날에 들었던 기독교와 완전히 다르네"라고 말하는 것이었습니다. 나는 "제사 문제 때문에 교회를 나가지 않는다는 말은 하지 말아야 한다"라고 단호히 말했습니다.

성경은 부모에 대한 효도를 몹시 중요하게 가르칩니다. 교회에서도 목사님들이 부모님께 효도하는 것을 자주 설교 주제로 삼곤 합니다. 기독교는 부모님에 대한 감사를 중요하게 가르치는 종교입니다. 다만 우상을 숭배하듯 조상신에게 절하는 것을 기독교에서는 하지 않을 뿐입니다.

친구들이 알고 있었던 것처럼 비신자들이 기독교를 왜곡하고 오해하는 점이 이외에도 참 많습니다. 우리는 이런 점들을 잘 살펴서 기독교에 대한 오해를 불식시켜주어야 합니다. 그래야 기독교 복음이 좀 더 널리 파급되는 길을 만들 수 있습니다.

기독교는 오직 유일신 하나님만 섬기고 하나님에게만 경배하는 종교입니다. 그러므로 이 핵심 교리를 모르는 일반인들은 기독교가 자신들의 종교만 제일로 여긴다는 오해를 많이 하곤 합니다. 한국 교회는 전도도 중요하지만 기독교를 바로 알리고 이해시키는 데 많은 관심을 기울여야 할 것입니다.

감사합니다.

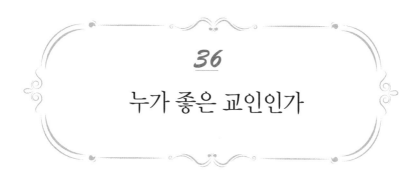

36
누가 좋은 교인인가

한국 교회가 좋은 교인을 만드는 데에는 성공했으나, 훌륭한 크리스천을 만드는 데에는 부족했다는 외국 신학자들의 충고가 현실감 있게 다가옵니다.

오늘은 제가 기독교인들이 모인 장소에 가면 자주 이야기 주제로 삼는 좋은 교인의 개념과 그 정의에 대해 함께 이야기를 나누려고 합니다.

오늘의 한국 교회는 수많은 순교자와 신앙 선배들의 기도와 헌신, 선교와 전도로 이루어진 귀한 열매입니다. 그런데 오늘의 한국 교회가 사회 속에서 눈총을 받고 성도 수도 더 이상 성장하지 않으며 그 힘이 약해지고 있는 모습을 보게 됩니다. 일부에서는 우리도 유럽 교회의 전철을 밟고 있는 것이 아니냐며 우려를 표합니다.

우리는 과거를 돌이켜 보아야 합니다. 젊은 세대는 잘 모르겠지만 1950년대와 1960년대는 우리 모두가 가난과 싸우던 배고픈 시절이었습니다. 세 끼를 다 먹기만 해도 행복했던 그때는 모두 어려워도 한 집에서 떡을 하면 이웃과 한 조각씩이라도 나누어 먹던 정겨운 시절이었습니다.

1950년대에 제가 살던 동네에는 크리스천이 몇 가정 없었지만 주민들은 그들을 하나같이 예수쟁이라고 불렀습니다. 그런데 비록 예수쟁이라고 놀림은 받아도, '예수쟁이는 거짓말은 하지 않는다'는 신뢰감, '예수쟁이는 믿을 수 있는 사람'이라는 공통된 인식이 있었습니다.

당시는 새벽과 주일 아침, 수요일 저녁엔 교회 종소리가 온 동네에 울려 퍼졌습니다. 그러나 그 누구도 시끄럽다고 항의하지 않았습니다. 종소리에 잠을 깨도, 그 소리를 아름다운 소리로 받아들였습니다. 기독교를 바라보는 눈길이 따뜻했고 이런 연유인지 기독교 인구는 폭발적으로 증가했습니다.

예수쟁이에게는 구멍가게에서 외상도 잘 주었는데, 가게 주인에게 예수쟁이는 정직하고 근면하며 남과 더불어 다투지 않는 착한 사람이란 인식이 있었기 때문입니다. 영국에서도 크리스천에게는 은행에서 담보 없이 대출해주던 시절이 있었다고 합니다. 이는 분명히 갚을 것이라는 확신이 없이는 힘든 결정입니다.

그런데 요즘의 기독교에 대한 사회적 인식은 술·담배는 하지 않는 사람, 말이 좀 많은 사람으로만 인식될 뿐, 정직한 사람, 믿을 수 있는 사람이라는 인식은 사라져 버린 것 같습니다. 그것은 그만큼 성경의 가르침이 성도들의 삶 속에서 실천되고 있지 않다는 증거입니다.

교회가 원하는 좋은 교인은 전도 잘하고, 십일조 잘 내고, 목사님 말씀에 순종하고, 교회에 잘 출석하는 교인일 것입니다. 그런데 교회에서는 좋은 교인인데 사회에서는 좋은 교인의 모습을 보여주지 못한다면 이것은 교회의 책임이라 아니할 수 없습니다. 한국 교회가 좋은 교인을 만드는 데에는 성공했으나, 훌륭한 크리스천을 만드는 데에는 부족했다는 외국 신학자들의 충고가 현실감 있게 다가옵니다.

여전히 우리 주변에는 품성이 착하고 선교와 전도에 열정적인 크리스천이 많습니다. 또 바른 교회관을 갖고 목회하는 은혜로운 목회자와 교회들도 많습니다. 그럼에도 이런 부분이 기독교가 보여주는 여러 가지 문제와 과오, 추문으로 인해 다 가려지고 있다고 생각합니다.

교회가 성도들을 잘 이끌어 주어야 합니다. 정직한 성도, 청지기 정신을 가진 기업가, 주님의 뜻을 문학 작품과 음악을 통해 바르게 전하는 예술가, 올바른 기독 정신으로 국가의 미래를 이끄는 공직자와 정치가가 나오도록 교회는 힘껏 도와야 합니다. 새로운 시각에서 훌륭한 기독교인이 배출되도록 도움을 주어야 합니다.

지금은 교회 생활만 장려하는 것이 아니라 삶의 현장에서 주님의 이름을 높이는 기독인을 양성하는 교회로 돌아가야 할 바로 그때입니다.

감사합니다.

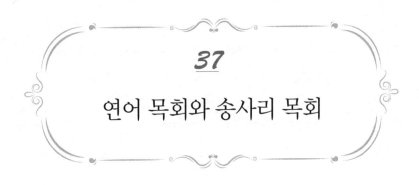

37

연어 목회와 송사리 목회

오래된 교회일수록 그 교회가 배출한 인물들을 보면 그 교회가 목회를 잘했는지 아닌지 판단할 수 있습니다. 그 나무의 열매로 목회의 성공을 짐작케 되는 것입니다.

오늘은 우리 크리스천들의 신앙 공동체인 교회에서 성도들을 향한 목회가 얼마나 중요한지를 이야기해보려 합니다. 제법 오래전 한 지인과 식사 자리에서 담소를 나누다 색다른 감동을 받은 적이 있습니다. 대학 교수인 이 지인은 교회에 나간 지 3년 정도밖에 안 됐지만 자신이 출석하고 있는 교회를 매우 자랑스러워하며 자부심까지 느끼고 있었습니다.

그는 최근 그 교회 예배 시간에 짤막한 간증 시간이 있었는데 그 자리에 한 가족이 나왔다고 했습니다. 자신들은 매우 가난하게 살았으나 당시 살던 동네가 개발되면서 아파트 건설 붐이 일어났고 신앙생활을 잘하기 위해 교회 주변에 살던 그들도 이 개발 붐에 힘입어 중산층이 될 수 있었다고 합니다.

또 담임 목사님은 자신들에게 힘들더라도 외국으로 유학을 가라는 꿈을 심어 주어 실행에 옮겼으며 어렵게 공부를 마치고 돌아온 지금은 대학 교수가 되어 남부럽지 않게 산다고 했습니다. 한 가정이 빈민층에서 중산층으로 변할 수 있도록 도움을 주셨다며 감격에 차 간증하는 것을 들었다고 합니다.

목회자가 성도들에게 큰 꿈을 심어 주고 해외로 나가도록 권유해 다시 큰 그릇이 되어 교회로 돌아오도록 한 것을 감사해한 간증이었습니다. 제 지인에게 이 이야기를 들으며 이런 목회야말로 연어가 냇물을 떠나 태평양을 거쳐 큰 물고기가 되어 고향에 돌아오는 것과 같은, '연어 목회'란 이름을 지어보았습니다.

목회자는 교인의 신앙과 사회 진출을 위해 꿈과 희망을 실어주는, 무척이나 중요한 역할을 하는 존재입니다. 이 교회가 큰 부흥을 이루어 한국의 대표적인 교회로 자리 잡은 이유를 알 수 있을 것 같았습니다.

저는 이 이야기를 들으며 이와 대별되는 다른 한 교회가 생각났습니다. 교회 역사가 70년 가까이 된 이 교회는 한때 부흥했으나 목회자가 바뀌고 나서 급속히 변했습니다. 교인들이 사정으로 인해 타 교회에 가는 것도, 성경 공부를 하는 것도 탐탁하게 여기지 않았고, 성도들을 교회 울타리에만 갇혀 있게 하는 목회를 했습니다. 성도들에게 도전적이고 적극적인 삶과 신앙을 가르치는 것보다 목회자의 말에 잘 따르고 순종하는 것이 최고임을 자주 설교했습니다.

저는 그 모습에서 그저 냇물에만 머무는 '송사리 목회'를 생각해 냈습니다. 교회의 사명은 신령과 진정으로 예배를 드리고 성도를 적극적인 신앙인으로 키워 역량 있는 사회인으로 만드는 것이라고 생각합니다.

사회 속에서 빛을 발하는 크리스천을 만드는 것도 목회자의 큰 보람일 것입니다. 그러므로 많은 목회자들이 내 교회, 내 교인에만 목을 걸 것이 아니라 더 큰 그림을 그려주고 비전을 심어 교인들을 양육하고 사회 지도자로 키워내야 한다는 생각을 해보았습니다.

하나님께서는 인간에게 무한한 능력과 꿈을 주시고 각자에게 맞는 달란트를 주셨습니다. 우리는 자신에게 맞는 소질과 적성을 살려 맡은 위치에서 최선을 다함으로써 하나님께 영광을 올려드리는 삶을 살 수 있습니다. 신앙의 힘으로 할 수 없는 것은 없습니다. 하나님의 능력은 무한하기 때문입니다.

오래된 교회일수록 그 교회가 배출한 인물들을 보면 그 교회가 목회를 잘했는지 아닌지 판단할 수 있습니다. 그 나무의 열매로 목회의 성공을 짐작케 되는 것입니다. 굳건한 신앙과 사회적 성숙도를 갖춘 지도자는 '송사리 목회'가 아닌 '연어 목회'에서 나올 것이라 믿습니다.

감사합니다.

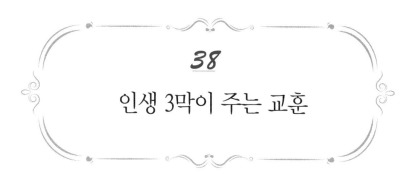

38
인생 3막이 주는 교훈

우리의 삶에서 그 어떤 것도 완전한 만족과 기쁨을 주지 못합니다. 그러나 하나님께서 주시는 평안과 감사는 우리의 인생에 엄청난 만족을 줍니다. 특히 하나님이 기뻐하실 일을 위해 열정적으로 살면 그 만족은 더 늘어나게 됩니다.

얼마 전까지만 해도 더운 여름이었는데 벌써 낙엽이 떨어지는 가을이 되었습니다. 하나님이 만드신 계절의 순리가 놀랍기만 합니다.

저는 우리의 인생이 연극에 비유하면 3막으로 구성된다는 것을 발견합니다. 인생 1막은 부모님 보호하에 공부하고 준비하는 시간으로 보입니다. 청운의 꿈을 안고 미래를 구상하며 자신을 채워나가는 기간인 것입니다.

인생 2막은 꽃을 피우고 무언가 이루려고 노력하며 결실을 얻는 기간입니다. 취직을 하고 가정을 이루고 자녀를 키우며 자신의 영역을 개척하고 이루어내는 기간입니다.

인생 3막은 자녀를 다 키워 출가도 시키고 업무 일선에서도 은퇴해 인생을 마무리 짓는 기간입니다. 그런데 인생 2막에서 재물도 모으고 명예도 가져 보았는데 막상 인생 3막에서 삶을 허무하게 느끼는 분이 의외로 많습니다. 자식들도 잘 되었으나 왠지 모르게 3막이 쓸쓸하고 외로운 경우를 발견합니다.

제가 아는 한 분은 2막에서 큰 성공을 거두었습니다. 수백억 원의 재산을 가진 그는 회사를 장남에게 넘겼고, 그의 딸은 의사 남편과 잘 살고 있습니다. 누가 보아도 남부럽지 않은 성공한 인생입니다.

그런데 바로 이분이 어느 날 지인을 찾아와 외로움을 토로했다고 합니다. 3막이 되고 보니 그 많은 돈이 자신에게 아무런 의미가 없다고 이야기했다고 합니다. 기업을 자식에게 주었으나 이 험난한 환경에서 기업을 몇 년이나 유지할지 늘 위태위태하게 바라본다고 했습니다.

부부간에도 별로 대화가 없으며 바쁜 아내가 아침 식사도 제대로 차리지 않아 먹지 못할 때도 많다고 했습니다. 부자이고 성공한 회장님과 전혀 어울리지 않는 이야기였습니다.

골프장에 가고 회사에 가끔 들르긴 해도 인생이 그저 쓸쓸하다고만 말한 그 회장은 재산을 좋은 곳에 다 기증하고 싶은 생각도 불현듯 든다며, '나는 인생 3막에서 길을 잃었다'고 했다는 것입니다. 인생의 성공이 결코 행복을 가져다주지 않는다는 사실을 잘 보여주는 사례입니다.

누구에게나 인생 3막은 다가옵니다. 여름에서 금방 가을이 되는 것처럼 우리에게 3막은 분명 빠른 속도로 다가옵니다. 제 주변에서도 부와 명예를 다 가졌고 아무리 좋은 지식을 가졌어도 쓸쓸하기는 마찬가지임을 하소연하는 사람이 많습니다.

그래서 성경 속 솔로몬왕은 젊은이들에게 분명하게 당부했습니다.

"너의 창조주를 기억하라. 곧 어려운 날이 이르기 전에, 내겐 아무 낙이 없다고 할 때가 다가오기 전에"라고 했습니다.

이제 결론은 너무나 자명해집니다. 인생에서 제일 중요한 것은 하나님을 경외하고 그의 명령을 지키는 일이며 이것이 사람의 본분이라는 사실입니다. 인생 3막에서 하나님의 일을 시작한다면 인생을 새로 시작할 힘이 생길 것입니다.

우리의 삶에서 그 어떤 것도 완전한 만족과 기쁨을 주지 못합니다. 그러나 하나님께서 주시는 평안과 감사는 우리의 인생에 엄청난 만족을 줍니다. 특히 하나님이 기뻐하실 일을 위해 열정적으로 살면 그 만족은 더 늘어나게 됩니다.

인생 3막에 계신 분들께 당부드리고 싶습니다. 인생 3막에서 분명한 하나님의 뜻을 발견하고 찾아서 인생을 진정 의미 있게 마무리하는, 지혜로운 여러분이 되셨으면 좋겠습니다.

감사합니다.

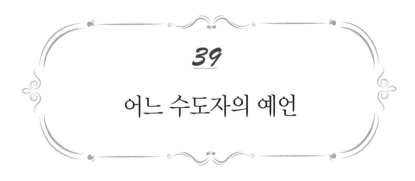

39

어느 수도자의 예언

말세에 믿는 자를 보겠냐는 성경 말씀이 생각납니다. 정말 깨어 기도하지 않고 영적 분별력을 잃으면 사탄 마귀가 우리를 끌어내려 본인도 모르게 배교의 골짜기로 떨어질 수 있습니다. 기도와 성경과 간구로 우리의 신앙을 지키며, 나도 모르게 하나님을 배반하는 엄청난 실수를 하지 않도록 깨어 기도해야 할 것입니다.

　오래전, 강원도 황지 산골짜기에 신앙공동체를 이루었던 대천덕 성공회 신부님이 국내 일간지에 큰 광고를 낸 적이 있습니다. 성자라는 칭호를 받을 만큼 유명한 그분이 낸 광고는 '목회자들이 죄악을 회개하지 않으면 북한으로부터 위협을 받는다'는 내용이었습니다. 저는 당시 그 광고를 보고 깜짝 놀라 잠을 설친 기억이 있습니다.

　당시 목사와 성직자들이 성적 문란을 회개하고 돈에 대한 욕심을 회개하지 않으면 하나님이 한국을 징계하실 거라는 이 광고에 무슨 뚱딴지같은 소리냐는 야유도 있었고, 노인네가 헛소리한다는 논평도 있었습니다. 그러나 저는 이를 심각하게 받아들여 지금도 그 광고를 기억하고 있습니다.

　사실 요즘에도 언론에는 안 나왔지만 몇몇 교회가 불화를 일으키고 있다고 합니다. 보통 금전적인 문제 때문에 목회자와 교인 간에 갈등이 생기는 경우가 많은 편입니다. 어느 목사님은 본인을 CEO라고 선언하고 교회 재정권을 마음대로 집행하고 인사를 비롯하여 행정 운영을 모두 본인의 뜻대로만 하고 있다고 합니다.

저도 회사 CEO를 30년 넘게 맡고 있지만 직원들 눈치 보기 바쁩니다. 오히려 도덕적인 흠이 생길까 하여 매사를 조심하고 있습니다. 또 회사 공금은 국세청에서 10만 원 단위까지도 통제받고 있습니다.

제가 요즘 더 놀란 것은 교회에 '묻지 마 헌금'이라는 것도 있다고 합니다. 교회 헌금은 보통 당회의 허락하에 사용하는데, '묻지 마 헌금'은 별도 계정을 만들어 담임 목사 마음대로 쓰고 아무런 통제도 받지 않는다는 것입니다. 물론 극히 일부일 것입니다. 최근 어느 교회에서는 이번에 정부에서 준 재난 보조금을 '묻지 마 헌금'으로 내라고 지시했다고 합니다. 대천덕 신부님이 아셨다면 크게 분노하셨을 것이라 여겨집니다.

'한국 교회 신학의 오염도'라는 주제는 대천덕 신부님의 기도 제목이었습니다. 신학의 오염은 배교라고 지적하면서 예수님 이외에 구원이 있다고 하는 것은 하나님의 말씀을 정면으로 반박하는, 완전한 배교라고 말씀했습니다. 성경의 핵심은 예수님만이 구원의 길이요 진리라고 말하는 데 있습니다.

그런데 마호메트를 믿어도, 부처님을 믿어도, 무당을 믿어도 천국을 간다니…. 정말 이런 배교는 없다고 대 신부님이 한탄하신 적이 있습니다. 성경 이외에 어떤 신학이 하나님을 배교하여 신도들을 가르치면 그 교회에 출석하는 교인들의 신앙은 어찌 될지 모르겠습니다. 정말 위험한 때여서 성경은 우리에게 늘 깨어있으라고 당부합니다.

영적 분별력을 달라는 기도를 멈추면 안 된다고 생각합니다. 그리고 성경을 잘 읽어서 잘못된 교리에 현혹되지 말아야 합니다. 현재 교회는 하나님을 믿는 것이 아니고 목회자를 대신 믿는 것인지도 모르겠다는 어느 목사님의 한탄 어린 설교가 공감으로 다가옵니다.

말세에 믿는 자를 보겠냐는 성경 말씀이 생각납니다. 정말 깨어 기도하지 않고 영적 분별력을 잃으면 사탄 마귀가 우리를 끌어내려 본인도 모르게 배교의 골짜기로 떨어질 수 있습니다. 기도와 성경과 간구로 우리의 신앙을 지키며, 나도 모르게 하나님을 배반하는 엄청난 실수를 하지 않도록 깨어 기도해야 할 것입니다.

우리나라가 사는 길은 대천덕 신부님이 말씀하신 것처럼 목회자와 우리 성도들의 회개가 우선이라고 생각합니다. 그래서 우리는 "우리가 지금 처한 위험한 상황에서 하나님께 회개의 기도를 드리니 촛대를 옮기지 마시고 우리를 하나님의 군사로 사용해 주옵소서"라고 기도했으면 합니다. 그래서 하나님이 우리의 기도를 들어주시고 코로나와 북한의 위협으로부터 우리를 지켜주실 것이라 믿습니다.

감사합니다.

40
경건은 없어지고 경건의 모양만

어제의 나는 오늘의 나와 다릅니다. 미래의 나를 생각하면 경건
과 말씀을 놓치지 말아야 합니다. 이를 놓치면 결국 바른 영적
분별과 신앙의 가치관을 잃게 되는 것입니다.

　오늘은 한국 교회가 경건의 모양만 갖추고 있을 뿐 진정 예언자적 목소리를 감당하지 못하는 것에 대한 안타까움을 나누어보려고 합니다.

　솔로몬이 성전을 완성하고 사독의 아들 아사리아는 제사장이 되었습니다. 자손들은 사두개파로 제사장직과 요직을 세습으로 차지했습니다. 그리고 그들은 부활도 안 믿고 신앙도 없는 종교 권력가로 등장합니다. 말라기 기자는 권력과 명예, 돈에 눈이 먼 이들을 맹렬히 비난하고 하나님께 돌아올 것을 간구합니다.

　더구나 예수님을 못 박은 제사장 계급의 행위는 경건을 위장한 바리새파보다도 더 비판을 받아야 합니다. 권력과 금력에 마취되어 가장 중요한 영적 권위를 져버렸던 것입니다. 경건은 없어지고 경건의 모양

만 갖고 있는 제사장이 되고 말았습니다.

예수님이 성전에서 돈 바꾸는 자, 비둘기 파는 자에게 '아버지의 집을 장사꾼의 더러운 장소로 더럽히지 말라'고 하시며 대노하셨을 때 장사꾼들만 나무라신 것이 아닙니다. 그들 뒤에 있는 종교 사업가인 제사장과 그 권력자들에게도 크게 분노하셨습니다.

제가 어렸을 때, P 장로라는 분이 출석 교회에 자주 설교하러 오셨는데 그 영성과 말씀의 능력이 얼마나 강했던지 언제나 많은 환자들이 모였고 치유의 역사도 일어나 온 교회가 항상 들썩였습니다.

그런데 그분이 스스로 이단 종파를 만들어 예수님 행세를 한다는 소식을 들었습니다. 그분은 성령을 받고 사역을 했지만 그 성령이 떠나고 나니 경건의 모양만 남아 권세와 영광과 돈에 마취된 종교 사업가로 변했다고 생각됩니다. "처음에는 능력 있는 하나님의 종이었는데…" 하는 생각이 지금도 제 머릿속에 남아 있습니다.

경건은 없어지고 모양만 남은 사람의 마지막 모습을 보면서 현재 우리 일부 기독교 지도자들의 모습을 연상해 봅니다. 처음엔 무릎 꿇고 기도하여 큰 교회를 이루었다가 돈과 명예 때문에 경건의 모양만 남은 목회자는 혹시나 없는지 말입니다.

하나님만 따르던 초기의 열정과 경건, 믿음은 사라지고 쓸쓸한 영적 패배자로 남아 있는 분들을 보면서 애처로움을 느끼게 됩니다. 또한 처음부터 종교 사업가를 자청하고 있는 CEO 목회자들, 그리고 그들에게 영적 자양분을 받아야 하는 교인들을 생각하면 슬픈 마음뿐입니다.

교인은 많으나 신앙은 모두 다르다는 것을 많은 사람을 접하면서 느낍니다. 교단 따라 신앙이 다르고 목회자 따라 신앙이 제각각인 것을 바라보게 됩니다. 노인이 되어 신앙은 더 단순해지고 '아멘'만 외치는 교인들을 보면서, 왜 이들에게 젊었을 때 성경 말씀을 더 깊이 가르쳐 주지 않았는지 안타깝습니다.

어제의 나는 오늘의 나와 다릅니다. 미래의 나를 생각하면 경건과 말씀을 놓치지 말아야 합니다. 이를 놓치면 결국 바른 영적 분별과 신앙의 가치관을 잃게 되는 것입니다. 어제 존경받던 사람도 세월이 지나면서 얼마든지 변질될 수 있습니다. 그러나 성경 말씀은 영원히 변치 않습니다. 이런 확신을 갖고 말씀 공부와 읽기에 더는 게으름을 피우지 말아야 할 것입니다.

처음 믿을 때의 그 감격, 성령의 인도하심을 기억하고 초심으로 돌아갔으면 합니다. 특히 교회 지도자들은 개인의 이익을 취하기에 앞서 오직 하나님을 기쁘게 하는, 양 무리의 본이 되어 주길 기대합니다. 경건의 모양만이 아닌 경건의 본질을 회복하여 예수님이 다시 오실 때 영광의 면류관을 얻도록 다 같이 노력하고 기도했으면 합니다.

감사합니다.

"너는 마음을 다하여 여호와를 신뢰하고 네 명철을 의지하지 말라. 너는 범사에 그를 인정하라 그리하면 네 길을 지도하시리라"(잠3:5-6)

생활 속에서 배우는 믿음

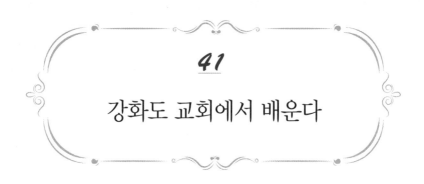

41

강화도 교회에서 배운다

강화도 선교 역사를 통해 하나님께서 천한 자, 낮은 자들을 들어 귀하게 쓰신 것을 알 수 있습니다. 또 신분이 높은 자를 들어 큰일을 하게 하신 것을 보게 됩니다.

기독교에서 역사적으로 의미가 있는 강화도를 성경 공부 모임에서 방문한 적이 있습니다. 강화도의 선교 역사를 더듬어 보는 시간이었는데 매우 의미 있었고 잘 다녀왔다고 생각했습니다.

1893년 미국 감리교 선교부는 강화 지역 담임으로 존스 선교사를 임명하고 인천내리교회를 담임하게 했습니다. 존스 목사는 인접 도서인 강화도에서도 선교를 시작했으나 그 지역 유지인 김상임이라는 유학자의 결사적인 반대에 부딪혀 한 명도 전도할 수 없었다고 합니다.

김상임은 강화 출신으로 16세에 과거를 보아 합격한 준재로 성균관에서 수학하고 초시에 합격한 이름 있는 양반이었고 강화의 대지주였습니다. 명망도 있고 존경도 받았기에 그의 도움 없이는 선교가 불가능하다는 사실을 알게 되었습니다.

이분이 반대하니 선교는 정말 어려운 실정이었습니다. 반면 내리교회에 출석하던 이승환이란 천민도 있었는데 예수를 믿고 확신을 가져 강화도 고향에 계신 어머니도 예수를 믿도록 전도했고 존스 목사에게 세례를 받길 원했습니다. 그러나 김상임이 반대하니까 이승환은 한밤중에 어머니를 업고 갯벌을 지나 존스 목사가 있는 배로 가서 한국 최초의 선상 세례를 받게 했다고 합니다.

그 후 존스 목사는 전도사를 보내 이승환의 집을 거점으로 4~5명이 모여 예배를 드리도록 했고 이것이 강화도 최초의 감리교회인 교산교회의 시작이었다고 합니다. 지금도 아담한 교산교회가 강화도의 옛 전통을 자랑하며 예배드리고 있음을 볼 수 있었습니다.

아울러 교산교회 성도들의 열심과 올바른 행실에 감명 받은 김상임도 결국 기독교로 개종하게 되었는데 그의 개종은 문중뿐 아니라 강화 전 지역 복음화의 결정적 계기가 되었습니다. 김상임의 개종은 부녀자나 천민들을 천시하던 주민들의 생각을 바꿔놓은 계기가 되었고 강화지역 지도급 인사들이 연이어 개종해 강화 전 지역으로 복음을 확장하는 초석이 되었습니다. 성령의 역사가 강화도에 강하게 임하신 사건이었습니다.

현재 강화도는 120여 개의 감리교회를 포함해 170개의 교회가 있는 성시화의 좋은 사례가 되고 있습니다. 선교의 역사가 길고 기독교가 뿌리를 잘 내린 복음화의 고장이 된 것입니다.

제가 또 감동을 받은 것은 인천 내리교회가 주축이 된 하와이 이민 역사였습니다. 하와이로 단체 이민을 간 내리교회 교인들은 사탕수수

밭에서 일하면서 일당 30센트를 받았습니다. 그 돈으로 상해임시정부에 거액의 독립 자금을 지원했으며 한국 근대사에서 정말 뿌듯한 역할을 했습니다.

이 강화도 선교 역사를 통해 하나님께서 천한 자, 낮은 자들을 들어 귀하게 쓰신 것을 알 수 있습니다. 또 신분이 높은 자를 들어 큰일을 하게 하신 것을 보게 됩니다.

"우리가 재물을 모으느라 분주하고 많이 모았으나 그 돈은 누가 쓸지는 모른다. 우리가 재능과 능력으로 높은 자리에 올랐으나 언제 없어질지도 모른다. 모두 그림자와 같다"는 성경 말씀이 있습니다.

우리가 삶의 진정한 소망을 하나님께 두고 하나님이 기뻐하시는 일을 한다면 이것이야말로 진정 보람 있는 삶을 사는 것이라고 저는 믿습니다. 강화도 신앙 유적지를 둘러보며 저의 삶이 하나님이 원하시는 일에 기쁘게 사용되길 간절히 기도했습니다.

감사합니다.

42

고난이 큰 사람을 만든다

사시사철 좋은 기후에서 자라는 열대 지방의 큰 나무들은 나이 테가 없고 나무가 물러서 단단한 재목으로는 환영받지 못한다고 합니다. 그러나 추운 지방의 나무는 더위와 추위를 다 견디고 알차게 여물어 큰 재목으로 쓰임 받습니다.

　오늘은 다음 세대를 짊어질 젊은이들이 고난을 두려워하지 않고 이를 잘 극복하고 넘어서려는 인내와 용기가 필요하다는 이야기를 하려고 합니다.

　요즘 젊은이들은 취업하기 힘들다고 하지만, 기업들은 우수한 인력을 확보하기 위해 전력을 기울이고 있습니다. 심지어는 해외로 나가 현지인을 채용한 후 국내에서 교육하고 다시 현지로 내보내는 경우도 있습니다. 글로벌 인재를 양성하고자 하는 기업들이 늘고 있습니다. 이것은 그만큼 우리 젊은이들의 경쟁자가 늘어나고 있다는 이야기입니다.

　한때 우리 회사는 신입 사원 교육이 끝나고 발령장을 주는 날에 신입 사원 부모님들을 모시고 그동안 얼마나 열심히 공부했는지 그리고 무엇을 느꼈는지를 이야기해 드리곤 했습니다. 그리고 부모님께 고마운 마음을 영상 편지에 담아 보여드렸습니다. 부모님들이 그동안 키워놓은 자식들이 사회에 진출하는 모습을 보고 감격에 젖어 연신 눈물을 닦는 것을 옆에서 보았습니다.

제가 오랜 기간 기업을 경영하면서 얻게 된 통계에 의하면, 신입 사원 중에서 3개월 안에 회사를 그만두는 사람, 1년 지나서 혹은 3년 지나서 그만두는 사람이 늘 생기곤 합니다. 그래서 저는 부모님을 모신 자리에서 자녀들을 잘 지도해 달라고 이렇게 당부합니다.

"1년 안에 회사를 그만두는 경우는 사회생활 적응에 실패한 경우입니다. 대학에서 큰 간섭을 받지 않고 자유로운 생활을 하다 직장에서는 넥타이를 매고 희생을 해야 하기 때문입니다. 아무리 힘들어도 사랑하는 부모님이나 아내, 자녀들을 위해 참아내는 것이 직장 생활입니다. 3년이 지나 회사를 그만두는 경우는 직장에 너무 많은 것을 바라는 경우입니다. 월급을 더 준다거나 직급을 높여준다는 회사가 있으면 솔깃하고, 독립해서 사장이 되고 싶은 욕심도 생기는 시기입니다. 그러나 경우에 따라 일생을 두고 후회할 일이 생길 수도 있음을 알아야 합니다."

제가 이렇게 말하면 많은 부모들이 공감을 하는 반면 신입 직원들은 이해를 잘 못합니다. 직장 생활을 한다는 것은 봉급 등의 눈에 보이는 유형의 재산과 함께 경험이나 인내심, 적응력, 업무 지식 등 무형의 재산을 쌓아나가는 과정입니다. 그중 제일은 신용을 쌓아서 남이 믿어주는 사람이 되는 것입니다. 이것은 자신이 독립해서 사업을 할 때도 가장 큰 자산이 됩니다.

사시사철 좋은 기후에서 자라는 열대 지방의 큰 나무들은 나이테가 없고 나무가 물러서 단단한 재목으로는 환영받지 못한다고 합니다. 그러나 추운 지방의 나무는 더위와 추위를 다 견디고 알차게 여물어 큰 재목으로 쓰임 받습니다. 어려움과 실패는 반드시 성공의 어머니가 되는 법입니다.

저는 어려움이나 고난에 처한 사람들, 삶을 힘들어하는 사람들에게 고린도전서 10장 13절 말씀을 꼭 들려줍니다.

"사람이 감당할 시험밖에는 너희에게 당한 것이 없나니 오직 하나님은 미쁘사 너희가 감당치 못할 시험 당함을 허락지 아니하시고 시험 당할 즈음에 또한 피할 길을 내사 너희로 능히 감당하게 하시느니라"

고난은 인간 누구에게나 다가옵니다. 단지 크고 작은 차이가 있을 뿐입니다. 여기서 신앙을 가진 이와 믿음이 없는 이의 대처는 놀랍게 차이가 납니다. 신앙인은 어려움을 기도로 잘 견디어 이를 통해 하나님이 주시는 깨달음을 얻기 때문입니다. 고난은 우리의 삶을 추운 지역 나무처럼 더욱 단단하게 만드는 자양분이 되게 합니다. 믿음으로 고통과 환란, 어려움을 이겨내는 저와 여러분이 되길 원합니다.

감사합니다.

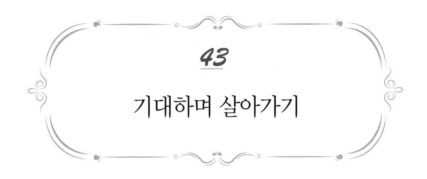

43

기대하며 살아가기

그리스도의 제자로서 그 모습을 세상에 잘 보여주어야 합니다.
그리스도인으로서 세상의 기대감을 저버리지 않는, 예수님을 닮
아가는 모습을 보여줄 수 있기를 희망합니다.

　오늘은 우리가 사회생활을 하며 겪게 되는 기대와 실망에 대해 말씀
나누길 원합니다. 많은 사람들은 처음 보는 사람을 만났을 때 기대감
을 갖게 됩니다. 젊은 남녀가 만났을 경우엔 본능적으로 '나와 좋은 인
연이 생길 사람인가'를 생각하게 됩니다. 또 일반적인 만남에서는 '상대
가 나에게 어떤 도움을 줄 수 있을까?'를 생각합니다. 더 나아가 '나에
게 무엇을 줄 수 있을까?' 등의 생각도 하게 됩니다. 이것이 바로 기대
감입니다.

　이렇게 시작된 인간관계가 자신의 기대에 미치지 못하게 되면 금방
실망감으로 변합니다. 그리고 나는 평소 상대에게 잘해 주었다고 생각

했는데, 어느 날 갑자기 상대방이 내게 주는 대가가 없거나 부정적인 경우 배신감을 느끼게 됩니다.

저 역시도 사업을 하면서 새로운 사람과 관계를 맺는 것에 부담을 느낄 때가 많습니다. 비즈니스를 할 때도 좋은 사람과만 거래를 하고, 대하기 힘든 사람과는 많은 이익이 예상되어도 거래를 안 하는 경우도 있습니다. 좋은 사람하고만 교제하며 살아도 짧은 세상인데, 복잡하게 너무 많은 사람과 인간관계를 맺는 것은 제 나름대로 판단해 결코 유익하지 않다고 보기 때문입니다.

저는 회사를 운영하면서 신입 사원 면접을 참 많이 봅니다. 입사 지원자라면 우선 회사가 나에 대해 무슨 기대를 갖고 있는지를 잘 파악해야 합니다. 이것을 잘 이해하고 요령 있게 자신을 소개하는 사람은 분명 면접을 잘 통과할 것입니다. 회사가 지원자에 대해 갖고 있는 기대감을 충족했기 때문입니다.

그런데 어떤 친구는 자신의 스펙이 뛰어나고 좋은 학교를 졸업하고 시험 성적이 우수하니 당연히 합격할 것이라 자신 있게 생각합니다. 하지만 회사 입장에선 그 사람의 성적이 중요한 것이 아니고 그가 회사에 어떤 이익을 가져다줄 수 있는지를 판단하려 합니다. 그 기대감보다 자신의 똑똑함만 회사에 자랑하려 한다면 취직하기는 결코 쉽지 않을 것입니다.

우리 모두는 부모이고 아들이요 딸입니다. 부모로서 아들로서 딸로서 상대방의 기대감을 얼마나 충족했는가 생각해야 합니다. 한 가정의 가장으로 내 아내나 자식들의 기대감에 얼마나 부응했는가, 나는 직장의 한 구성원으로 회사의 기대감에 부응하여 어느 정도 인정받고 있는

가를 세심하게 살펴보는 마음의 자세가 필요합니다.

우리 모두는 하나님께 받고 태어난 달란트가 있습니다. 달란트에 따라 능력을 잘 발휘하고 그에 걸맞은 위치에 올라서 있는 사람들이 있습니다. 이런 사람에게는 더 많은 기대감을 갖는 것이 당연합니다.

예수님이 목이 말라 무화과나무에서 열매를 구하셨습니다. 그런데 무화과에 열매가 없었습니다. 예수님이 그 나무를 저주하니 그 나무가 말랐다는 말씀이 성경에 기록되어 있습니다. 사회가 그 열매를 요구할 때 우리는 그 열매를 내놓아야 합니다. 회사가 능력을 요구할 때엔 그 능력을 보여주어야 합니다. 그렇지 못하면 실망감이 클 것입니다.

우리 스스로를 항상 돌아보고 말과 행동을 삼가 조심해야 합니다. 그리스도의 제자로서 그 모습을 세상에 잘 보여주어야 합니다. 그리스도인으로서 세상의 기대감을 저버리지 않는, 예수님을 닮아가는 모습을 보여줄 수 있기를 희망합니다. 그래서 세상 속의 사람들이 우리의 모습을 보고 예수님을 믿게 되는 역사가 일어났으면 합니다. 우리 모두 이러한 크리스천이 되었으면 합니다.

감사합니다.

44

기독교 자본주의란 무엇인가

힘 있는 자가 약자에게 양보하고 모두가 함께 잘 사는 사회. 이 것이 기독교가 꿈꿔온 기독교적 자본주의인 것입니다. 이를 위해 함께 기도하는 저와 여러분이 되었으면 합니다.

오늘은 신앙의 관점에서 진정한 자본주의가 무엇인가를 나누어 보는 시간을 보냈으면 합니다.

강자가 약자에게 아량을 베풀고 져주는 사회, 이것이 자본주의의 본 얼굴이라고 생각합니다. 자본주의는 경제와 종교 윤리의 결합에서 시작됐습니다. 봉건주의 사회 경제에서 지주와 소작인의 관계를 끊고, 동 등한 관계의 경제 구조를 만들자는 생각이 새로운 경제 질서를 만들어낸 것입니다.

역사적으로 보면 종교개혁을 이룬 칼뱅의 장로교가 민주적인 교회 형태를 만들었고 이어서 민주주의 정치체제와 자본주의 경제체제를 만들었습니다. 그리고 이를 경제생활에서 직접 실천하면서 생활했던 사람들이 바로 청교도들이었습니다. 이들이 미국으로 건너가면서 미국의 민주주의와 자본주의를 탄생시켰습니다.

청교도 정신의 핵심은 '모든 주인은 하나님이시며 우리는 하나님의 뜻을 이루어 나가는 제사장'이라는 생각입니다. 이 말씀의 뜻은 매우 깊습니다. 하나님을 주인으로 여긴다는 사실을 전제로 하기에 경제 활동에도 직업의 귀천이 없음을 분명히 하고 있습니다. 내가 대장장이라면 '대장장이 제사장'이고, 내가 목수라면 '목수 제사장'이라는 것입니다. 하나님 안에서는 직업의 높고 낮음이 결코 없다는 뜻입니다.

그리하여 이들은 스미스(Smith), 카펜터(Carpenter) 등의 성(姓)을 자랑스럽게 붙이고 직업의 귀천 없이 당당한 삶을 살았습니다. 그리고 이러한 정신은 성경에 근거한 정직, 근면, 나눔 정신과 더불어 퓨리탄 (puritan)들의 기본 신앙이자 정신이었습니다.

또한 모든 것의 주인은 하나님이기 때문에 내가 소유한 모든 것은 곧 하나님의 것이며 나는 잠시 보관하는 것일 뿐이라고 여겼습니다. 그러므로 물질에 대한 탐욕이나 허세를 부리지 않았고 나눔과 구제, 헌신과 봉사에 더 정성을 쏟았습니다. 이것이 바로 청지기 정신의 핵심 사상이었습니다.

그러나 미국이 대공황을 겪으면서, 미국의 주류 사회를 이루고 있던 청교도 계층이 무너지고 새로운 경제 질서가 생겨났습니다. 신학도 보수적인 성경, 절대 신앙이 사라지기 시작하고 인본주의 신학인 자유신학이 점차 자리를 잡았습니다.

빈부 차이가 심해져 돈 있는 사람은 더욱더 부자가 되고 가난한 자는 더욱 가난한 사회가 되었습니다. 여기서 일어난 신학이 민중신학입니다. 민중을 역사의 주체로 보고 노동자의 가치관에 입각해 가난한 민중을 위한 그리고 민중에 의한 국가 건설이 필요하다는 취지로 일대 혁명을 불러일으켰습니다.

이런 중남미의 민중신학과 운동이 한국에 들어와 노동 단체를 만들었으며 그 영향력이 지대했습니다. 이 모든 것은 자본주의 경제에서 기독교적인 윤리가 빠지고 천민민주주의로 바뀜으로써 나온 결과입니다.

교회는 어떤 상황에도 흔들리지 않는 확고한 기독교 가치관을 가져야 합니다. 땅 사고 성전 짓고 복 받자는 설교 대신 영적으로 성숙한 신앙으로 돌아가야 합니다. 그리고 기독실업인은 기업의 사회적 책임에 관심을 갖고 실천해야 할 것입니다. 이런 점에서 한국 교회는 다시 한 번 새로운 종교개혁이 필요한 때입니다.

힘 있는 자가 약자에게 양보하고 모두가 함께 잘 사는 사회. 이것이 기독교가 꿈꿔온 기독교적 자본주의인 것입니다. 이를 위해 함께 기도하는 저와 여러분이 되었으면 합니다.

감사합니다.

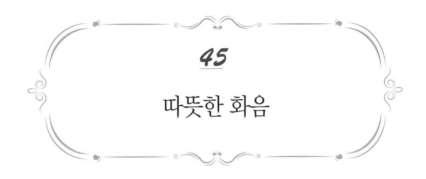

45

따뜻한 화음

합창단원들이 단지 노래를 부르는 일에만 국한하지 않고 기도를 통해 믿음의 증거를 가지게 된 것처럼 우리 모든 성도 역시 현재의 삶 속에서 하나님의 일꾼이 될 수 있다는 생각을 해보게 됩니다.

제가 이사장으로 있는 유나이티드문화재단 오케스트라가 얼마 전 성악가들과 함께 정부 대전청사에서 독거노인들을 모시고 음악회를 개최했습니다.

음악회가 시작되고 분위기가 고조될수록 처음에 냉랭했던 분위기가 점차 온기로 바뀌는 것이 느껴졌습니다. 특히 월드비전이 운영하는 선명회 어린이 합창단의 합창이 시작됐을 때에는 숨소리마저 멈춘 듯 모두 음악에 빠져들었습니다. 늘 외로움 속에서 지내다 잠시나마 행복을 찾았다고 말씀하시는 어르신들이 많았습니다.

이날 클래식 음악을 처음 듣는 사람도 많았습니다. 지루하지 않고 영혼 깊은 곳에 감동을 주는 음악이라는 것에 모두 공감하는 시간이었습니다.

저는 음악회가 끝난 후 선명회합창단 지휘자에게 어떻게 그렇게 좋은 화음을 만들 수 있는지, 어떤 비결이 있느냐고 물었습니다. 그러자 지휘자는 보통 중학생까지만 단원 자격이 되며 졸업하면 새로운 학생들을 입단시켜 노래 연습을 시키게 되는데, 새 단원이 온 첫 몇 달간은 소리가 제대로 나지 않아 합창단원들과 지휘자 모두 힘들다고 합니다.

그런데 이때 단원들과 함께 철야 기도에 들어가 함께 기도하고 또 모든 단원들에게 시편을 읽히고 필사하게 한다고 합니다. 필사가 끝난 후에 간절히 기도 시간을 갖는데 어느 날부터 갑자기 화음과 소리가 원하는 수준으로 급속히 회복된다는 것입니다. 이때 모두 감격해서 운다고 합니다.

단원들의 표정이 언제나 참으로 밝다는 생각이 들었는데 합창을 하면 상호 소통과 양보와 화합이 자연스럽게 녹아들어 밝고 명랑한 사람이 된다고 했습니다.

나는 지휘지의 말을 들으며 큰 교훈을 얻었습니다. 그들의 고운 화음은 하나님 나라를 확장하며 그들은 밝은 문화를 이 땅에 전파하는 노래의 천사가 될 것이라 확신하게 되었습니다.

기업을 경영하는 사람에게는 정말 힘들고 어려운 일이 많습니다. 그때마다 저 역시 월드비전 합창단처럼 시편을 암송하고 묵상하면 그리스도의 평강을 마음에 주실 때가 많습니다.

이처럼 나이 어린 학생이나 나이 든 성인이나 어려운 일을 당할 때 성경 말씀을 의지하고 기도를 통해 해결하는 방법은 똑같습니다. 어렸을 때 이런 경험을 하고 성인이 되면 아무리 어려운 일이라 할지라도 과거에 해결해 주셨던 하나님 은혜의 경험으로 세상을 잘 이겨낼 수 있을 것이라고 생각합니다. 바로 이것이 믿음의 증거가 될 것입니다.

합창단원들이 단지 노래를 부르는 일에만 국한하지 않고 기도를 통해 믿음의 증거를 가지게 된 것처럼 우리 모든 성도 역시 현재의 삶 속에서 하나님의 일꾼이 될 수 있다는 생각을 해보게 됩니다.

하나님은 살아계시고 지금 우리의 생사화복을 주장하시는 분이십니다. 늘 기도와 간구로 하나님께 아뢰며 그분의 뜻을 구하고 그분이 기뻐하실 일을 찾아 하루하루를 산다면 하나님께서 우리의 삶 가운데 놀랍게 역사해 주시리라 믿습니다.

삶 속에서 신앙의 유익을 주는 사람이 되는 것, 이것이야말로 하나님의 자녀들이 가질 수 있는 따뜻한 화음이 아닐까 생각합니다.

감사합니다.

46

기독교가 나아갈 길?

예수님은 우리에게 "이같이 너희 빛을 사람 앞에 비추게 하여 저희로 너희 착한 행실을 보고 하늘에 계신 너희 아버지께 영광을 돌리게 하라"고 하셨습니다. 이 말씀을 명심해야 할 때가 아닌가 합니다.

오늘은 우리가 정말 추구해야 할 신앙인의 모습이 어떠해야 할지 생각해 보고자 합니다. 제가 대표로 있는 제약회사에서 약학대학 학생들을 대상으로 한동안 실무 실습 프로그램을 진행했던 적이 있습니다. 3주간에 걸쳐 참여한 학생들 모두가 열심히 공부하는 모습을 보면서 참 똑똑하고 기특하다는 생각이 들었습니다. 대부분 생각이 반듯하고 늘 밝은 모습에서 한국의 미래를 보는 것 같아 기분이 좋았습니다.

그런데 약학대학이 6년제로 바뀌면서 이들이 졸업하면 평균 연령이 30세가 넘는다고 합니다. 남학생들의 경우 군복무까지 마치면 나이가 더 들게 됩니다. 이미 대학을 졸업하고도 약학대학에 뜻이 있어 다시 입학했다는 학생도 있었습니다.

저는 이 학생들을 대상으로 한 특강에 앞서 제가 쓴 기독교 신앙 칼럼집을 나누어 주며 한번 읽어보라고 권했습니다. 혹시 제가 가진 종교를 소개해 문제가 되지 않을까 우려도 했지만 공부하는 기업의 창업주가 갖는 정체성을 이해하려면 꼭 필요하다고 여겨 권한 것이었습니다. 그런데 모두 열심히 읽고 강의에 참석해 주었습니다.

학생들은 제 책을 통해 제약회사를 차리고 이런 규모까지 끌고 온 기업가의 도전 정신과 기업의 특별한 문화를 알 수 있는 기회가 되었다며 긍정적으로 이야기를 했습니다. 그리고 기업 경영의 비전을 갖게 되었고 대부분 이 실습 교육을 감사하다고 해서 저도 보람을 느꼈습니다.

그런데 이 과정에서 저는 의외로 많은 대학생들이 종교에 무관심하다는 점, 자신의 일도 바쁜데 종교 생활을 하는 것 자체가 부담스럽다는 점 그리고 교회에 나가도 사람과 부딪히는 것이 너무 힘들어 출석하지 않는다는 등의 이야기를 듣고 꽤 충격을 받았습니다.

또 어떤 학생은 기독교인들의 이중적인 모습이나 교회의 세습, 목회자의 부패한 모습을 보고 기독교에 관심이 없어졌다는 이야기도 들려주었습니다.

그렇지만 교회에는 거부감이 있을지언정 자신의 힘만으로 되지 않는 인생을 살아가면서 종교에 의지하고 싶다고 생각하는 학생이 의외로 많았습니다. 그런데도 종교를 선택하지 못하겠다는 것이 일반적인 의견이었습니다. 결국 기독교가 사회 속에서 참 신앙의 모습을 보여주지 못해 선택받지 못하는 종교가 되었다는 생각이 들었습니다.

저는 지성인으로 불리는 대학생들을 전도하는 방법이 결국 몇 마디 말로는 힘들다고 느껴졌습니다. 예수님이 말씀하신 대로 우리 기독교인이 먼저 빛과 소금의 역할을 다할 때만 가능하다는 생각이 들었습니다.

예수님은 우리에게 "이같이 너희 빛을 사람 앞에 비추게 하여 저희로 너희 착한 행실을 보고 하늘에 계신 너희 아버지께 영광을 돌리게 하라"고 하셨습니다. 이 말씀을 명심해야 할 때가 아닌가 합니다. 기독교인이 사회에서 존경을 받을 때 그리스도인의 수는 늘어나고 말씀이 흥왕하리라고 생각합니다.

우리의 사명은 정말 큽니다. 기업가로서, 선생으로서 그리고 정치가로서 각자 부름받은 기독교인은 세상의 빛과 소금이 되어야 합니다. 그래서 하나님의 영광을 위해 그리고 전도를 위해 행동과 말과 모든 것을 조심함으로써 세상의 본이 되고 전도도 가능하게 되리라고 생각해 보았습니다.

감사합니다.

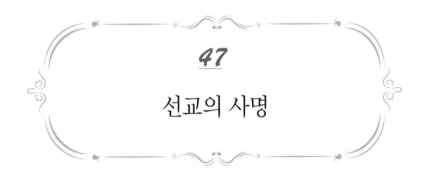

47
선교의 사명

선교의 헌신자가 이 땅 대한민국에도 참 많습니다. 어떤 분은 낙도에서, 어떤 분은 오지에서, 주님을 위해 헌신하는 그 믿음이 우리에게 희망과 소망을 주고 있습니다. 이로써 신앙의 도전을 느끼게 합니다.

오늘은 우리 크리스천들의 신앙생활에 가장 큰 도전을 주는 선교 사명에 대해 이야기하려고 합니다. 제가 기독교인들이 모인 자리에서 가장 많은 주제로 이야기하는 내용이 있습니다. 한국이 오늘처럼 잘살게 된 것은 가난하고 못살던 조선 말기에 오직 선교적 사명 하나로 조선을 찾아온 외국 선교사들의 헌신과 기도, 사랑 덕분이라는 것입니다.

풍토병이 만연된 이 가난한 나라에 오직 성령의 감동으로 한국을 찾은 파란 눈의 선교사들은 죽음과 싸우며 복음을 전했고 이 나라의 정치, 경제, 교육, 문화에 초석을 놓았습니다.

그 선교로 발전한 대한민국이 이제는 해외 각국에 2만 5000여 명이 넘는 선교사를 파송해 말씀과 사랑, 헌신으로 신앙의 되갚음을 실천하고 있습니다.

한국의 선교사님들도 한 분 한 분 귀하지 않은 분들이 없습니다. 이 분들도 한국을 찾아온 옛 선교사님들처럼 갑자기 하나님의 강한 부르심과 인도를 받고 자신의 모든 것을 희생한 채 선교 일선에 나서고 계십니다. 제 주변에서 제가 잘 아는 두 분 선교사님만 보아도 그렇습니다.

한 분은 캐나다 국적의 한국인 선교사입니다. 서울에 살 때 큰 일식집을 경영하셨고 큰돈을 버셔서 캐나다로 이민을 떠나셨습니다. 그곳에서 영주권을 받고 다시 큰 음식점을 열어서 돈도 많이 버셨는데, 어느 날 성령님의 강한 인도로 평신도 선교사의 사명을 받게 되었습니다.

그분은 여러 은사를 함께 받았는데 그렇게 잘되던 음식점이 문을 닫을 수밖에 없는 상황이 되었고 계속 버티었으나 결국 모든 재산이 사라져 두 손을 들고 하나님의 선교 명령을 지키지 않을 수 없었다고 합니다.

결국 맨몸으로 캄보디아로 선교를 떠났고 여러 나라에서 자신의 기도로 치유의 기적들이 일어나는 모습을 보고 본인 스스로도 무척 놀랐다고 합니다. 선교사님은 이제 나이가 드셨지만 노구를 이끌고 여전히 이 나라 저 나라에서 하나님의 명령을 따라 사역하고 계십니다. 가끔씩 한국서 뵐 때마다 존경스럽게 여기지 않을 수 없습니다.

또 한 분이 생각납니다. 제가 운영하는 제약회사 공장이 있는 베트남에서 어느 부부가 대기업에서 근무하다 퇴직해 한국에 들어오지 않고 베트남에 남아 자비량 선교를 하고 있는 모습을 보았습니다. 안정되고 편안한 생활을 마다하고 고생스러운 선교에 더 큰 가치를 부여하고 있었습니다.

자신의 일상을 모두 주님께 의지하고 헌신적으로 선교하는 두 분 평신도 선교사님들의 모습이 정말 아름다웠습니다. 이런 희생적인 선교는 의지나 노력으로 되는 것이 아니라 하나님이 주시는 강권적인 역사요 성령의 인도로 가능하다는 생각이 듭니다.

선교의 헌신자가 이 땅 대한민국에도 참 많습니다. 어떤 분은 낙도에서, 어떤 분은 오지에서, 주님을 위해 헌신하는 그 믿음이 우리에게 희망과 소망을 주고 있습니다. 이로써 신앙의 도전을 느끼게 합니다.

어떤 면에서 우리가 하나님 안에서 신앙을 잘 지키고 주님이 내게 주신 사명, 즉 달란트를 잘 사용해 하나님이 기뻐하시는 일을 한다면 이는 더 큰 의미에서의 선교이며 우리 자신이 곧 선교사라는 생각이 듭니다. 주님이 내게 명하신 일을 잘 찾고 깨달아 그 사명을 충직하게 감당했으면 합니다.

사실 우리 주변을 보면 성도들을 실망시키고 시험 들게 하는 선교사, 목회자도 많습니다. 그러나 이보다 하나님 나라 확장을 위해 헌신하고 기도하며 최선을 다하는 분들이 훨씬 많기에 한국 교회는 여전히 소망이 있다고 믿습니다.

감사합니다.

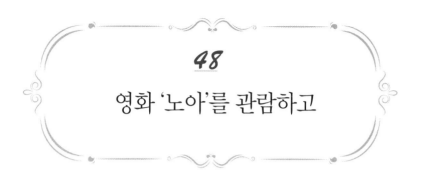

48
영화 '노아'를 관람하고

교회뿐만이 아니라 이단들의 활동도 무척 심각해서 많은 크리스천을 미혹하고 있습니다. '내가 바로 재림 예수'라고 주장하거나 '내가 곧 하나님'이라고 주장하는 교주를 쉽게 찾아볼 수 있습니다.

구약성경의 인물을 주인공으로 삼은 '노아'라는 제목의 영화가 있습니다. 그런데 이 영화에 대한 의견이 엇갈립니다. 목회자들의 의견도 '봐도 된다'는 의견과 '절대로 보면 안 된다'는 의견으로 나누어집니다.

나 역시 신앙 교육상 좋지 않다는 의견을 따라 온 가족이 보려던 계획을 취소했습니다. 주변에서 '짧은 성경 지식으로는 감당할 수 없는 내용'이라는 의견이 많았습니다. 도대체 무슨 내용이기에 이렇게 시끄러운지 궁금해 집 근처 영화관에서 '노아'를 관람했습니다.

제가 생각했던 대로 영화의 내용은 인본주의적 성경 해석이 주를 이루었습니다. 게다가 성경 이야기와도 전혀 맞지 않는, 새로운 성경 이야기를 전개하고 있었습니다. 창작된 노아 이야기였습니다.

영화 스토리의 큰 줄기는 하나님을 인간을 멸살하려는 악한 분으로 설정하고, 노아의 자유 의지로 인간의 멸종을 막는다는 내용이었습니다. 너무나 반기독교적인 발상이 아닐 수 없었습니다.

더구나 영화의 후반부에서 하와를 유혹한 뱀 껍질이 마치 드라빔처럼 노아의 자손을 이어가게 한다고 설정한 장면은 사탄을 창조주로 숭배한다는 느낌마저 줄 정도로 충격적인 결말이었습니다. 성경을 잘 모르는 비신자들이 하나님을 아주 잔인한 분이라고 오해할 만큼 충분한 설득력이 있어 보였습니다.

얼마 전 한국의 유명한 성악가 한 분과 이야기를 나눴는데, 미국과 서구에서는 이미 이런 식으로 성경 내용을 개작한 오페라가 성행한다고 합니다. 원작과 동일한 오페라는 한국에서만 볼 수 있다고 한탄했습니다.

작금의 기독교계도 인본주의가 많은 부분을 차지하고 있습니다. 그 기본이 되는 자유신학은 이미 이와 유사한 종교다원주의를 주장하며 사람의 힘으로 무엇이든 할 수 있다는 주장을 펴고 있기도 합니다. '그리스도 외에는 구원이 없다'고 이야기하면 미국에서는 광신도가 되어버리고 마는 시대가 되었습니다.

하나님의 주권으로 세계 역사가 움직인다는 신학은 이제 한국에서도 그리 환영받지 못하는 때가 되었기에 예수님이 말씀하신 "네가 말세에 믿는 자를 보겠느냐"라는 성경 구절이 생각납니다.

교회뿐만이 아니라 이단들의 활동도 무척 심각해서 많은 크리스천을 미혹하고 있습니다. '내가 바로 재림 예수'라고 주장하거나 '내가 곧 하나님'이라고 주장하는 교주를 쉽게 찾아볼 수 있습니다.

왜 그런 종교에 많은 사람이 몰리고 그것을 열심히 믿는 것일까요?

'14만 4000명이 구원을 받는데, 당신과 몇 사람만 더 들어오면 곧 천당의 문이 닫힌다'고 이야기하면 분명히 황당한 소리로 들릴 텐데도, 그것을 맹신하며 재산과 모든 것을 다 바치는 지성인이 적지 않습니다. 도대체 왜 그러는 것일까 생각해 보지 않을 수 없습니다.

이 모든 것은 바른 성경관, 바른 구원관, 바른 교회관이 없기 때문입니다. 이것을 잘 가르치지 못한 교회와 목회자의 책임이기도 합니다. 잘못된 성경 이야기로 구약의 역사를 호도하는 영화가 잘못되었다는 점을 어느 누구도 명확하게 짚고 비판하지 않는 것도 문제라고 생각합니다.

영화 '노아'를 보고 무서운 하나님을 믿지 않겠다는 사람이 나타난다면 이 영화를 제작한 영화사와 시나리오를 쓴 작가는 하나님으로부터 어떤 책망을 받을까 많은 생각을 하게 되었습니다. 우리 또한 자신도 모르게 이와 유사한 잘못을 저지르고 있는지 모릅니다. 하나님께서 우리에게 맡겨주신 사명을 잘 발견하고 그분이 주신 달란트를 잘 활용해 신앙과 삶에서 성공하길 기도합니다.

감사합니다.

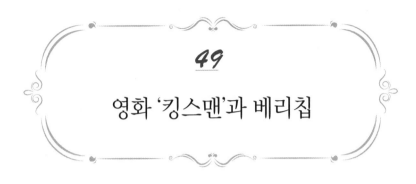

49
영화 '킹스맨'과 베리칩

주님의 때가 되어 이 세상이 새 하늘과 새 땅으로 변화하는 날,
나의 위치는 과연 무엇일지 기억해야 합니다. 제 스스로의 신앙
을 점검하는 계기를 영화 '킹스맨'이 만들어 주었습니다.

개봉된 영화 '킹스맨, 시크릿 에이전트'는 영화의 단골 소재인 스파이
영화입니다. 이 영화가 제가 평소에 관심 있어 하는 베리칩에 관한 부분
과 연결되어 있다고 주변에서 권유해 시간을 내어 관람하게 되었습니
다.

이 영화는 무척 재미있으므로 아무 생각 없이 보면 그냥 즐거움을
주는 잘 만들어진 영화라고 할 수 있습니다. 그러나 내용을 뒤집어 생
각해 보면 영화의 주제는 정말 심각한 내용이 아닐 수 없습니다. 비록
공상만화 같은 주제이지만, 그 내용은 말세에 우리 삶에서 현실화될
수 있을지도 모르는 것을 예고하는 것과 같기 때문입니다.

그것은 바로 요한계시록의 중심 내용 중 하나인 '짐승의 표'로, 흔히
'666'이라고도 하고 '악마의 표'라고도 합니다. 사탄이 하나님을 대신

하여 그 짐승의 표로 인간을 노예화하고 조종하는 계시록의 말씀을 현실 세계에 적용한 것이 바로 영화 '킹스맨'이라고 하면 비약이 너무 심하다고 나를 공격할 사람이 있을 것 같기도 합니다.

성경에는 분명히 사탄이 인간의 손이나 이마에 특정한 증표를 심어 조종한다는 내용이 있습니다. 특히 건강을 체크하고, 위치를 추적하며, 이 표를 통해 물건을 사게 합니다. 신용카드로 매매를 대신하거나 신분을 확인하는 등의 모든 기능이 이 짐승의 표로 이용된다고 성경은 말합니다.

특히 이 표가 없으면 해외여행도 가지 못하고, 취직도 할 수 없으며, 심지어 누구에게 살해를 당해도 흔적을 찾지 못합니다. 무서운 표입니다. 미국에서는 이미 '오바마 케어' 법안에 포함되어 쌀알만 한 작은 칩을 사람에게 심기 시작했는데, 여기에 건강 정보를 삽입하고 위치 추적이나 테러 방지 등에 활용하고 있다고 합니다. 이것을 미국에서는 '베리칩'이라고 합니다.

영화 '킹스맨'에서는 컴퓨터로 사람의 호르몬을 자극해 폭력적으로 만들고 교회 내에서 서로 살육하게 하는 장면을 충격적으로 그려내고 있습니다. 사람의 생각과 육체를 지배하는 무서운 세력과 킹스맨 조직원 간의 대결에 선악을 연결하여 흥미를 주지만 실상은 너무나 두려운 내용입니다.

이 베리칩을 한국에서도 애완견부터 부착하기 시작했고, 아직 인권 문제 때문에 실시하지 않고 있으나 얼마 후에는 이러한 문제가 제기될 것이라 여겨집니다. 이 무서운 이야기를 코믹하게 정리한 영화를 보면서 우리 신앙인들이 그리스도의 재림에 대한 경각심과 말세 신앙을 다시 한번 확인해야 한다고 생각해 보았습니다.

　주님의 때가 되어 이 세상이 새 하늘과 새 땅으로 변화하는 날, 나의 위치는 과연 무엇일지 기억해야 합니다. 제 스스로의 신앙을 점검하는 계기를 영화 '킹스맨'이 만들어 주었습니다. 아울러 어떠한 일이 있어도 짐승의 표, 베리칩을 받지 않겠다는 생각과 더불어 혹시라도 그것이 시행된다면 과연 이 환란을 피할 곳이 세계 어느 나라일까를 생각해 보기도 했습니다.

　지나친 종말 신앙관이라고 우려하는 분이 대부분일 것입니다. 그러나 기독교인이라면 환란의 날, 재림의 날을 대비하는 자세가 필요하다는 것이 제 생각입니다.

　성경은 사실이며 역사가 사실대로 진행돼 왔음을 증명합니다. 하나님은 말씀을 반드시 이루시는 분이십니다. "말세에 믿는 자를 보겠느냐"라는 예수님의 말씀이 오늘도 가슴에 진하게 와 닿습니다.

　감사합니다.

50

찬송가 가사에 담긴 깊은 은혜

찬송의 목적은 유일신 하나님을 영화롭게 하고 그분께 영광을 올려드리는 것입니다. 그 자리에서 음악이 주는 지나친 감정이 입이나 흥분으로 찬송가가 불리는 본래의 목적이 상실되면 결코 안 될 것입니다.

오늘은 성도들이 교회에서 예배드리며 하나님께 올려 드리는 찬송가에 대해 이야기하려고 합니다.

저는 얼마 전 경기도 파주에 있는 순복음삼마교회가 성도들의 신앙을 세우기 위해 아동부부터 청장년에 이르기까지 찬송가 50곡을 모두 외우게 한다는 이야기를 듣고 큰 감명을 받았습니다. 또 이 교회는 성도들의 신앙 훈련 일환으로 가사를 보지 않고 찬송가 5~7곡을 부르게 한다고 합니다. 가사에 담긴 의미를 찬송을 부르며 잘 되새겨 보라는 뜻이라고 합니다.

이러한 교회의 찬송 훈련이 성도들을 놀랍게 변화시켰다고 합니다. 가정 예배가 회복되는 마중물이 되었고 성도들의 일상생활에서 찬송이 끊어지지 않게 되었다고 합니다. 이렇게 찬송을 날마다 불렀더니 마음에서 어둠이 떠나 표정이 밝아졌고 언어도 긍정적으로 변했다고 합니다.

찬송은 곡조 있는 기도입니다. 찬송가 가사들은 깊은 신앙 체험과 연륜에서 묻어나온 신앙고백이 대부분입니다. 우리가 자주 부르는 찬양이지만 그 가사들을 하나하나 곱씹으면 그 가운데 풍성한 은혜와 감사가 다가오는 것을 발견하게 됩니다.

그런데 요즘 한국 교회 예배를 살펴보면 정통 찬송가보다 새로운 복음성가나 CCM이 정규 주일예배에서조차 많이 불리어서 늘 안타까움이 있습니다. 최근 한국의 대표적인 교회로 가장 모범적이라는 한 교회의 주일예배를 기독TV 채널을 통해 본 적이 있습니다. 그런데 준비 찬송과 메인 예배에서 정통 찬송가를 단 한 곡도 부르지 않아 놀란 적이 있습니다.

어떻게 수백 년간 이어지며 수많은 영혼들에게 은혜와 성령의 영감을 주어온 찬송가가 외면받고 있나 싶어 심히 안타까웠습니다. 성가대도 찬송가보다 어려운 성가곡을 소화해야 수준이 있는 것으로 여기는 지휘자의 생각도 바뀌어야 한다고 생각합니다. 귀에 익고 은혜로운 가사가 마음을 찌르는 정통 찬송가가 설교 전에 성도들의 마음을 은혜로 열게 한다고 저는 믿습니다.

저는 한국 교회에서 '찬송가 회복 운동'의 필요성을 절실히 느끼고 찬송가국제운동본부를 구성해 한국 교회가 이를 지켜나가도록 제 나름대로 노력하고 있습니다. 그래서 수차례 경기도 광주 히스토리캠퍼스에서 '찬송가 합창단 특별 콘서트'를 열었고, 이 외에도 찬송가만 부르는 음악회를 직간접으로 지원하고 있습니다.

찬송의 목적은 유일신 하나님을 영화롭게 하고 그분께 영광을 올려드리는 것입니다. 그 자리에서 음악이 주는 지나친 감정이입이나 흥분으로 찬송가가 불리는 본래의 목적이 상실되면 결코 안 될 것입니다.

정통 찬송가나 복음성가, CCM 모두 시와 음악으로 하나님을 높이고 경배한다는 점에서는 차이가 없습니다. 그러나 찬송가는 하나님을 찬양하는 공인된 노래로 복음성가보다 더 널리 보편적으로 인정받아 역사적으로 오랜 기간 흘러온 찬양곡입니다. 찬송가는 장기간 교회나 교단의 인정을 받은 검증된 곡이라는 점에서 예배 시 더 의미 있게 불릴 이유가 충분히 있다고 저는 생각합니다.

성경 에베소서 5장 19절에 "시와 찬미와 신령한 노래들로 서로 화답하며 너희의 마음으로 주께 노래하며 찬송하며"란 구절이 나옵니다. 저의 삶에서도 찬양은 믿음의 활력소요 생기입니다. 은혜로운 찬송가 소리에 새 힘을 얻고 신앙을 추스르며 주님 앞에 더 열심히 살아갈 것을 다짐하게 되기 때문입니다. 곡조 있는 찬양, 바른 찬송가 부르기를 통해 믿음을 살찌우는 우리 모두가 되었으면 합니다.

감사합니다.

"여호와는 나의 반석이시요 나의 요새시요 나를 건지시는 이시요 나의 하나님이시요 내가 그 안에 피할 나의 바위시요 나의 방패시요 나의 구원의 뿔이시요 나의 산성이시로다"(시18:2)

하나님이 주시는 능력과 힘

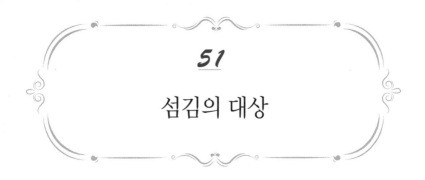

51

섬김의 대상

목회자의 개인적 영성이나 신앙 체험에 따라 교인들에게 전달되는 하나님의 말씀은 매우 달라집니다. 구원에 대한 가르침은 하나님의 말씀에 준하여 스스로 공부하고 기도하며 말씀 연구에 시간을 보내지 않으면 옳고 그른지 판단하기가 쉽지 않습니다.

한동안 제가 이사장으로 있는 유나이티드문화재단에서 갈렙 바이블 아카데미 신학 강좌를 진행했었습니다. 그런데 이 강의 시간에 어느 장로님이 돌출 발언으로 하셨던 말이 기억납니다.

강의를 시작하기 전 강사로 초청된 교수님이 장로님 한 분에게 "장로님은 어느 교회를 섬기십니까?"라고 질문했는데 그 장로님은 이렇게 대답하셨습니다. "교회를 섬긴다는 말은 좀 이상하네요. 어떻게 하나님 이외에 무엇을 섬긴다고 하십니까. 우리 성도가 교회나 목사님이나 십자가를 섬긴다면 좀 이상하지 않습니까. 하나님만 섬겨야지요."라고 하셨습니다.

예상치 않게 분위기가 좀 썰렁해지긴 했지만 저는 그 상황을 보면서 여러 가지 생각을 하게 되었습니다. 정말 요즘 기독교가 '섬긴다'는 표현을 많이 사용하다 보니 강사로 초청받은 교수님의 질문이 크게 잘못 된 것은 아니지만, 그 장로님은 '섬김'의 대상이 오직 하나님이 한 분이 라고 여기기에 이와는 다른 표현을 해야 한다고 여기는 것 같았습니다.

정말 요즘 주변을 둘러보면 하나님보다 교회를 섬기는 사람이 더 많 습니다. 구원과 하나님 경배 이외에 봉사 활동, 교회 성장, 전도 등에 얽매여 자신의 신앙의 방향을 정확히 설정하지 못하고 지내는 경우가 많습니다.

교회에서 교제하고 봉사하는 것은 그 나름대로 의미가 있고 필요하 지만 교회의 본질은 아닙니다. 그리고 목사님께 순종하는 것과 하나님 께 순종하는 것이 동일한 것도 결코 아닙니다.

어느 교회 목사님은 생일날 머리에 왕관을 쓰고 장로님들과 안수집 사님들에게 절을 하도록 해 물의를 빚었습니다. 또 어떤 교회에서는 한 번 구원을 받으면 영원히 구원을 받는다는 교리로 교회만 나오고 헌금 만 잘 내면 일단 구원받으므로 걱정할 것 없다고 가르친다는 말도 들 었습니다. 정말 다시 생각해 보아야 할 구원관이 아닐 수 없습니다.

우리가 믿고 있는 가르침과 신앙의 방향이 성경과 정확하게 일치하 는지 확인하는 일은 매우 중요합니다. 수많은 목회자와 설교자, 신학 자의 가르침이 있는데 그중에서 어떤 것이 진리이고 어떤 것이 잘못되 었는지를 구별하는 것은 매우 어렵습니다.

우리가 목사님 설교를 잘 이해하려면 성경에서 말하는 진리를 정확 하게 알아야 합니다. 어떤 설교자는 열렬한 신앙심을 가지고 하나님을 믿는다고 하지만 진리에 대한 지식이 너무 없는 경우도 있고, 자신의 영적 안전을 도모하려고 정통 교단의 큰 교회에 나가기도 하지만 그 교회의 사역자들 개개인이 믿는 신앙이 하나님의 진리와 일치한다는 보장도 없습니다.

목회자의 개인적 영성이나 신앙 체험에 따라 교인들에게 전달되는 하나님의 말씀은 매우 달라집니다. 구원에 대한 가르침은 하나님의 말씀에 준하여 스스로 공부하고 기도하며 말씀 연구에 시간을 보내지 않으면 옳고 그른지 판단하기가 쉽지 않습니다.

갈렙 바이블 아카데미를 통해 공부하면서 자신의 믿음을 정돈하고 새롭게 신앙의 깨우침을 얻게 된 것은 기쁜 일로서 큰 보람이 있었습니다. 돌이켜 보면 하나님이 기뻐하실 만한 정말 귀중한 사역이었습니다.

하나님과 성경 말씀을 바르게 알아가는 것은 크리스천에게 매우 중요합니다. 우리 모두 평생 성경을 삶의 교과서로 삼아 그 속에 담긴 보화를 끝없이 캐내고 캐내는 신앙인이 되었으면 합니다.

감사합니다.

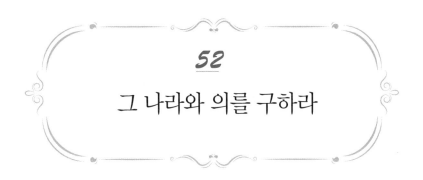

52
그 나라와 의를 구하라

"여러분, 돈을 벌고 싶으면 월스트리트로 가서 돈을 버십시오. 신학은 배고프고 외로우며 주님의 십자가를 지고 가는 고통의 길입니다. 이 길을 진정으로 가고자 하는 분만 신학을 공부하십시오."

오늘은 우리가 크리스천으로서 바른 정체성을 갖고 정말 성경에 어긋나지 않는 신앙생활을 하고 있는지 돌아보려고 합니다.

오래전 한 기독교 모임에 참석해서 돌아가며 자기소개 하는 시간을 보낸 적이 있었습니다. 멋지게 생긴 한 청년이 자리에서 일어나 자신은 지금 비록 작은 사업을 하고 있지만, 이 사업을 계속 키워서 미국의 록펠러보다 더 많은 헌금을 하는 것이 꿈이라고 했습니다. 이를 이루기 위해 매일 새벽기도를 나가고 있다고 했습니다.

그리고 지난달에 200만 원 적자가 났지만 오히려 수입의 모든 것을 하나님께 드리고 자신의 뜻을 이루게 해 주십사고 더 간절히 기도했다고 했습니다. 적자가 났지만 하나님은 자신을 버려두지 않으실 것이라고 확실히 믿으며 신앙생활을 한다고 했습니다. 저는 그 청년에게 기독

기업인으로서 한마디 조언해 주고 싶었지만 억지로 꾹 참았습니다.

다음은 옆자리 젊은 친구의 순서였습니다. 국내 대기업에서 근무하다 캐나다로 유학을 떠나 IT 계통을 전공했다고 합니다. 직장을 구할까 생각하다 선교사로 일하기로 마음먹고 혼자 프로그램을 만들어 문서 선교를 하고 있다고 했습니다.

저는 결혼도 했다는 그가 아내와 자식들을 데리고 생활은 어떻게 하고 있는지 물어보고 싶었습니다. 자신은 믿음의 열정으로 한다지만 가족들은 생활하기가 참 어려울 텐데 하는 생각이 들었습니다. 그러나 그의 표정은 편안했고 모든 것을 있는 그대로 받아들이고 감사해하고 있었습니다.

자신의 것을 다 버리고 살아가는 청년과 물질을 더 크게 얻으려고 기도하고 헌금하는 청년 사이에서 저는 여러 가지를 느끼지 않을 수 없었습니다. 그와 동시에 제가 잠시 이사장을 맡았던 신학교의 입학식에서 어떤 목사님이 설교하신 내용이 갑자기 기억났습니다.

그분은 "여러분, 돈을 벌고 싶으면 월스트리트로 가서 돈을 버십시오. 신학은 배고프고 외로우며 주님의 십자가를 지고 가는 고통의 길입니다. 이 길을 진정으로 가고자 하는 분만 신학을 공부하십시오."라고 말씀하셨습니다.

우리가 기도만 하면 정말 하나님께서 록펠러 같은 부자로 만들어 주실까요. 저는 과도한 욕심을 기도와 헌금으로 연결하여 구하는 것은 신앙적으로 잘못된 것이라고 생각합니다. 성경은 "하나님 나라와 그 의를 구하면 그러면 모든 것을 더해 주신다"라고 말씀하십니다. 하나님의 영광을 위해 의를 구하는 것이 선행되어야 하는데, 내가 기도하고 헌금하고 새벽기도 나가는 것으로 하나님이 축복해 주신다고 믿는다면 오히려 하나님의 놀라운 은혜를 제한하는 것이 되고 맙니다.

요즘도 자신의 열망과 명예를 다 버리고 오직 주님의 일에 일생을 헌신한 많은 선교사님을 주변에서 만나면 얼마나 존경스럽고 귀한지 모릅니다. 오직 주님의 영광과 복음 전파만을 위해 자신을 희생하고 이웃을 섬기는 일은 참으로 귀합니다.

이런 귀한 분들 덕분에 기독교 역사는 끊임없이 성장하고 발전해 올 수 있었습니다. 오늘도 우리 스스로의 신앙을 되돌아보면서 반성하며 주님의 나라와 의를 먼저 구하는 여러분과 제가 되면 좋겠습니다.

감사합니다.

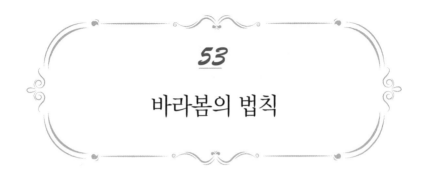

53

바라봄의 법칙

미래를 반복해서 연상하는 훈련의 놀라운 힘은 그 사람의 미래를 반드시 현실로 바꾸어 주는 역할을 하곤 합니다. 내가 꿈꾸었던 그 미래와 똑같지는 않을지라도 거기에 근접하게는 될 수 있다고 봅니다.

저는 매일 아침 침대에서 눈을 뜨면 기도로 하루를 시작하려고 노력합니다. 그 기도 내용은 이렇습니다.

"전능하사 만물을 주관하시는 주님, 저의 하루를 또 인도해 주십시오. 당신께서 제게 허락하신 일을 잘할 수 있는 지혜와 힘을 주십시오. 날마다 처음과 같은 열정으로 항상 최선을 다할 수 있도록 도와주십시오. 그로 인해 더 나은 삶을 개척하고 이루며 이것으로 하나님께 영광이 되게 해 주옵소서."

이렇게 매일 기도로 아침을 시작하면 하루가 새롭고 매우 중요하게 느껴집니다. 자칫 많은 업무로 인해 힘들고 지루한 일상으로 느껴질 수 있는 하루의 일과가 이 기도로 인해 열심히 살아야 할 당위성과 이유를 갖게 되는 것입니다.

우리는 매일 다시 돌아오지 않는 마지막 날을 살고 있습니다. 오늘은 우리에게 주어진 새로운 날이자 영원히 되돌아오지 않는 날이기도 합니다. 이런 각오로 하루를 시작한다면 열심히 살지 않을 수 없습니다.

그저 맹목적이고 성공과 물질을 위해 살아가는 매일매일은 마냥 바쁘게 흘러갈 뿐입니다. 긴 세월이 흐른 뒤에 되돌아보면 아무것도 이룬 것 없이 그저 나이만 먹었다는 사실을 깨닫게 될 것이 분명합니다.

그래서 저는 회사 직원들에게 아침에 일어나서 눈을 뜨자마자 기도할 수 있는 기도문을 하나씩 만들어 보라고 권면했습니다. 이런 짤막한 기도문이 평범한 사람을 비범한 사람으로 바꿔놓을 수 있다는 믿음에서 권유했던 것입니다. 하루가 일주일이 되고 한 달이 되고 일 년이 되듯이 매일 기도한다면 이렇게 기도하는 직원은 분명 놀라운 삶의 변화를 맞이하게 되리라고 저는 믿습니다.

또 저는 주위 사람들에게 과거의 내 위치, 현재의 내 위치와 함께 자신이 희망하는 미래의 위치를 적어 잘 보이는 곳에 붙여 놓아보라고 말하기도 합니다. 그것을 자꾸 쳐다보고 상기하게 되면 그것으로 인해 나의 행동이 구체화된다고 보기 때문입니다. 미래의 내 위치에 목표가 고정되게 되면 그것을 중심으로 나는 항상 궤도를 유지하게 되고 절대 거기서 벗어나지 않게 된다고 여겨집니다.

미래를 반복해서 연상하는 훈련의 놀라운 힘은 그 사람의 미래를 반드시 현실로 바꾸어 주는 역할을 하곤 합니다. 내가 꿈꾸었던 그 미래와 똑같지는 않을지라도 거기에 근접하게는 될 수 있다고 봅니다.

우리 회사의 경우 스스로 영업 실적이 가장 좋아 전 사원 앞에서 상을 받는 자랑스러운 장면을 시나리오로 구상해 보는 것입니다. 수상 소감까지 구체적으로 생각해두면 그 일은 가까운 미래에 반드시 현실화될 가능성이 높습니다.

성경에서도 젊은이들은 꿈을 꾸어야 한다고 강조하고 혀의 힘과 능력을 설명합니다. 바라보고 말하고 꿈꾸는 것이 능력이기 때문입니다.

무엇을 바라보느냐, 어디를 바라보느냐가 인생을 좌우합니다. 위기를 바라보지 말고 위기 속에 담긴 기회를 보아야 합니다. 모세가 홍해를 가르고 다윗이 골리앗을 쓰러뜨린 것은 하나님을 의지하고 바라봤기에 가능했습니다.

우리가 하나님 안에서 진정 바라봐야 할 것은 무엇이고, 늘 생각하고 바라봄으로써 누리는 능력은 무엇인지를 깨닫는 저와 여러분이 되길 간절히 기대합니다.

감사합니다.

54
발칸반도의 내전과 종교

힘의 균형만이 전쟁을 막을 수 있는 유일한 길이라는 점을 발칸반도를 보며 깊이 느끼게 됩니다. '하나님이 보우하사 우리나라 만세'라는 애국가 가사를 떠올리며 하나님께 다시 한번 우리나라의 안보를 지켜달라고 기도드리지 않을 수 없습니다.

발칸반도는 세계의 화약고로 불려 왔습니다. 유고슬라비아로 통일되어 평화롭게 살던 곳이었으나, 지도자 티토(Tito, Josip Broz) 대통령이 죽고 난 후 같은 민족끼리 내전을 벌임으로써 소위 '인종 청소'라 불리는 대학살이 일어나 참혹했던 지역입니다.

1990년대 초반부터 중반까지 세르비아 군대가 보스니아를 공격해 무슬림들을 무참히 살육했고, 이는 세계적인 공분을 불러 일으켰을 정도였습니다.

제1차 세계 대전도 보스니아를 방문한 오스트리아 황태자 암살 사건으로 인해 촉발됐고, 많은 젊은이들이 전쟁 때문에 목숨을 잃었습니다. 당시 세르비아의 '검은 손'이라는 암살단이 황태자 부부를 사살함으로써 제1차 세계 대전이 일어나 수많은 사람이 죽었습니다.

이들은 같은 슬라브족입니다. 종교가 다르다는 이유로 같은 민족끼리 서로 죽이는 일은 아무리 좋게 생각하려 해도 이해할 수 없습니다. 사상과 종교가 인간을 이토록 잔인하게 만들 줄은 아무도 몰랐을 것입니다.

그렇게 보면 1950년에 일어난 한국전쟁도 표현만 다를 뿐이지 발칸반도의 내전과 매우 비슷합니다. 사상이 다르다는 이유로 같은 민족끼리 탱크를 앞세워 수백만 명의 사상자를 낸 것은 세계에서도 매우 드문 비극입니다. 당시 우리 국민은 공산주의가 무언지 잘 몰랐습니다. 당연히 민주주의에도 별로 관심이 없었습니다. 그저 이웃끼리 평화롭게 서로 도우면서 잘 살고 싶었는데 사상과 이념이 만든 동족상잔의 역사는 비극으로 끝났습니다.

최근 들어 그 민족의 염원이 또다시 깨질지도 모른다는 생각이 부쩍 듭니다. 북한은 핵무기를 개발하고 미사일을 쏘고 있으며, 틈만 나면 첨단무기를 자랑합니다. 여기에 중국과 러시아도 북한 편을 들고 있고, 미국은 한국을 미사일로 방어하기 위해 사드(THAAD)를 들여오려 하고 있는데 오히려 이것에 반대하는 남쪽 사람들이 있습니다. 어쩌면 6·25 한국전쟁 때와 비슷한 국제 정세가 나타나고 있는 것이 아닌가 싶을 정도입니다.

한쪽에서는 "왜 하필 우리냐", "성주 참외 팔기가 힘들다" 하는 이야기가 나오고, 또 한쪽에서는 "참외가 우리 5천만 국민의 생명보다 중요한가" 하는 이야기가 나옵니다. 양쪽 의견 모두 이해되지만 이러한 갈등이 우리 마음속에 숨어 있는 이기주의 때문이 아닌가 하는 생각이 듭니다.

하나님은 과연 어떻게 판단하고 계실지를 한 번 생각해 보았습니다. 하나님은 우리 민족의 미래를 위해 그리고 우리 민족을 통해 세계에 복음을 전하고 싶은 마음으로 '전쟁이 없는 한국'을 원하실 것이라 여겨졌습니다.

힘의 균형만이 전쟁을 막을 수 있는 유일한 길이라는 점을 발칸반도를 보며 깊이 느끼게 됩니다. '하나님이 보우하사 우리나라 만세'라는 애국가 가사를 떠올리며 하나님께 다시 한번 우리나라의 안보를 지켜달라고 기도드리지 않을 수 없습니다.

반만년 역사와 유구한 전통을 이어와 현재 자유 대한민국이 되어 있는 이 나라는 하나님의 특별한 섭리로 수많은 크리스천이 탄생했고 이제 세계 선교사 파송 2위국이라는 명예를 가질 정도가 되었습니다. 그러나 여기서 우리의 기도가 끝나서는 결코 안 될 것입니다. 나라와 민족을 위한 기도는 계속해야 할 우리 모두의 숙제입니다.

감사합니다.

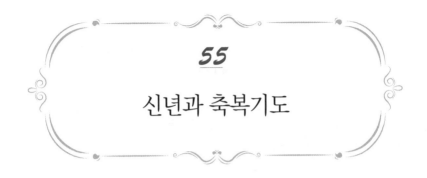

55
신년과 축복기도

우리가 주님의 아들이라고 선언하고 세상에 부끄러움 없이 나설 때 너그러우시고 풍성하신 하나님께서 우리를 세상의 악으로부터 철저히 지켜주시리라 확신합니다.

새해를 맞으면 어느 종교나 복 많이 받으라는 이야기를 합니다. 교회마다 복을 받으라는 내용의 설교가 이어집니다. 사찰들노 복을 받기 위해 불공을 드리고 등을 매달아 한 해의 만수무강을 기원하는 신도들로 가득 메워집니다.

여기서 우리가 생각하는 복은 금년에도 돈을 잘 벌고 건강하고 취직 잘되게 해달라고 하는 종류의 복입니다. 그러나 하나님께서 우리에게 주시는 복의 개념은 그것과는 전혀 다른 차원인 것을 알아야 합니다. 크리스천들이 이 사실을 분명히 깨달았으면 합니다.

크리스천에겐 예수 그리스도를 믿는 것 그 자체가 더할 수 없는 가장 큰 복입니다. 복의 근원이신 그리스도를 믿으면 우리가 하나님의 자녀가 되는 복을 주시고, 하나님의 자녀가 되면 하나님이 우리에게 하나님의 기업을 주시고 자녀의 권세를 주신다는 사실입니다. 그러면 자동적으로 물질의 복, 건강의 복은 기본으로 우리에게 오는 것입니다. 이렇듯 엄청나게 큰 복을 우리가 받게 되는 것이 얼마나 행복한 일인지 감격스럽지 않을 수 없습니다.

이제 한국 크리스천들의 신앙 의식은 인터넷의 발달로 다양한 목사님들의 설교를 듣고 신앙 강좌도 접하게 됨으로써 많이 높아졌습니다. 목사님의 말에 무조건 순종하는 것이 아니라 하나님의 뜻과 성경에 비추어 판단해 결정하는 성도들이 많아졌습니다. 목사님들도 예수님을 닮은 인격과 함께 신앙을 설교한 대로 실천하는 모범을 보이지 않으면 성도들에게 감동을 주지 못하는 시대가 되었습니다.

담대하게 예수님을 증거하고 성령의 인도하심을 증언할 수 있을 때 주변의 많은 이들이 예수님께 돌아오는 것을 보게 됩니다. 저는 일부 기독교인 중에서 "나는 교회 잘 안 나가지만 우리 아내는 열심히 나갑니다."라고 이야기하는 사람을 만날 때 예수님이 얼마나 슬퍼하실까 생각합니다.

당당하게 나는 예수님을 잘 믿고 그분의 뜻대로 살기를 원하는 사람이라고 이야기할 수 있는 것이 큰 복입니다. 우리가 주님의 아들이라고 선언하고 세상에 부끄러움 없이 나설 때 너그러우시고 풍성하신 하나님께서 우리를 세상의 악으로부터 철저히 지켜주시리라 확신합니다. 하나님은 그 자녀들을 그냥 버려두지 아니하시고 눈동자같이 보호해 주시고 인도해 주신다고 확신하기 때문입니다.

'벤허'라는 영화가 있습니다. 주인공 벤허는 노예 신분으로 로마의 군함에서 노를 젓는 노역을 하고 있었습니다. 그런데 전투 도중 배가 침몰하자 패전의 책임감으로 자살하려던 장군의 목숨을 구합니다. 그 대가로 장군의 양자가 되어 노예의 신분에서 고귀한 귀족이 되었고 모든 재산을 상속할 수 있는 권한과 명예를 얻게 되었다는 것이 영화의 스토리입니다. 기독교 영화의 고전으로 많은 크리스천들의 사랑을 받은 작품입니다.

저는 이 영화를 보면서 예수를 믿는다는 것은 바로 벤허가 노예 신분에서 귀족으로 변화하는 것과 같다고 생각해 보았습니다.

감사합니다.

56

주일을 거룩하게 지키라

기독교인이라면 온전한 주일 성수와 거룩하고 경건한 쉼의 시간을 통해 신앙과 삶을 재충전하고 한 주일 또 살아나갈 힘을 얻게 되는 것이라 믿습니다.

오늘은 기독교인이라면 누구나 소중히 여기며 하나님께 예배드리는 주일 성수에 대한 이야기를 나누려고 합니다.

제가 주일학교에 다니던 1950년대의 교회는 안식일, 즉 주일을 참으로 거룩하게 보냈습니다. 주일날 물건도 사지 않았고 제가 좋아하던 사탕도 사먹지 못하게 해 불만스러웠던 기억이 아직도 남아 있습니다.

이렇듯 온전한 주일 성수 개념이 시대가 변모하고 신학적 흐름이 변화하면서 많이 달라지고 있습니다. 문제는 이런 가운데 한국은 물론 우리에게 기독교를 전파해준 미주와 구라파 교회의 교인 수가 점점 더 줄고 있다는 사실입니다. 반면에 이단 종파 신도와 이슬람 교인의 수는 더 늘어나고 있다고 합니다.

이렇게 기독교가 쇠퇴한 이유가 기독교가 주일 성수의 경건함을 상실했고, 지나친 세속화로 인해 정통 복음주의 신앙이 설 자리를 잃고 있기 때문이라는 분석이 나오고 있습니다.

성경에는 "일곱째 날을 복 주시고 이것을 거룩하게 하셨으니"라고 적혀 있습니다. 이 '거룩하게 하셨으니'의 진정한 의미는 하나님을 섬기기 위하여 다른 날과 특별히 구별되게 하셨다는 것입니다. 주일은 하나님을 섬기기 위한 날로 정해졌고 이것을 지키도록 하기 위해 우리에게 복을 주셨다는 것입니다.

요즘도 유대인들은 안식일을 그 무엇보다 철저히 지키고 있습니다. 이날은 다른 일은 전폐하고 토론을 통해 믿음을 논하고 예배를 통해 하나님을 영화롭게 하는 데에만 사용하고 있습니다.

물론 예배나 신앙이 형식에 얽매이는 것은 바람직하지 않습니다. 그렇다고 신앙의 본질이 훼손되거나 정통성이 바뀌면 안 될 것입니다. 즉, 주일은 주님을 생각하며 주님의 영광을 위해 예배드리고 경건하게 지내야 한다는 생각에 변함이 없습니다. 하나님을 찬양하고 높이는 것에 하루가 사용될 때 진정한 성수 주일의 의미를 찾을 수 있으리라 여겨집니다.

우리의 삶에서 하나님을 주인으로 모시고 모든 일에 '성경적 시각'을 대입하면 우리는 훨씬 더 단순해지면서 가치 있는 삶을 살게 됩니다. '성경적 삶'이란 하나님이 내 삶의 주인이 되시는 것입니다. 어떤 방법이나 기술보다 성경을 읽고 이를 깨달아 삶의 지혜를 자연스럽게 상황에 적용할 수 있게 되는 것입니다.

이런 점에서 기독교인이라면 온전한 주일 성수와 거룩하고 경건한 쉼의 시간을 통해 신앙과 삶을 재충전하고 한 주일 또 살아나갈 힘을 얻게 되는 것이라 믿습니다.

요즘 주일 성수의 개념이 많이 퇴색되어 안타깝습니다. 성경 속 십계명에서 하나님은 분명히 주일을 거룩하게 지키라고 우리에게 명령하고 계십니다. 주일은 하나님의 날이고 온전한 쉼을 얻고 믿음을 확인하는 날입니다. 우리 모두 온전한 주일 성수와 거룩함과 경건성의 회복을 통해 한국 교회가 재부흥의 불씨를 퍼뜨릴 수 있도록 기도했으면 합니다.

그래서 한국 교회가 다시 한번 기상하고 복음이 확산되는 기회를 만들었으면 좋겠습니다.

감사합니다.

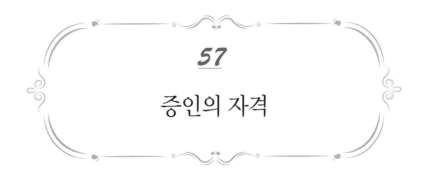

57
증인의 자격

큰 교회에는 금그릇과 은그릇뿐만 아니라 나무그릇과 질그릇
도 있습니다. 귀하게 쓰이는 것도 천하게 쓰이는 것도 있습니
다. 모두 금그릇만 있는 것이 아닙니다.

‘땅 끝까지 증인이 되라’는 주님의 말씀은 기독교인에겐 지상 과제입
니다. 이에 많은 성도들은 전도하고 선교하는 일에 마음의 부담을 느
끼며, 기회가 되면 이것을 실천하려는 의지도 있습니다.

언젠가 강남대로변에서 자동차에 확성기를 단 채 큰 소리로 "예수 천
당"을 외치는 소리를 들었습니다. 그 소리가 무척 시끄러워 듣는 사람
에게 불쾌감을 주고 있지 않나 생각했습니다.

지하철에서도 전도하시는 분을 가끔 만납니다. 옷이 매우 누추해 민
망한 생각이 들 정도입니다. ‘예수님의 증인이라는 분들이 사람들로부
터 신뢰와 존경을 받는 옷차림을 했다면 더 많은 사람이 귀를 기울일
텐데’ 하는 생각이 들었습니다.

어느 회사의 사장님이 매주 1회씩 예배를 드리며 하나님을 증거하고 계셨습니다. 그런데 그 사장님이 직원들에게 전혀 존경이나 신망을 얻지 못하고 인격적으로도 존경을 받지 못한다는 이야기를 들었습니다. 그래서 직원들이 예배를 강제로 드리곤 있지만 그 사장을 보면 오히려 교회에 출석하고 싶지 않은 생각이 들 것입니다.

　분쟁 중인 어느 교회의 목사님이 설교 시간에 자신을 공격하는 것에 대한 변명과 함께 결백을 계속 이야기하는데 "말씀의 앞뒤가 맞지 않아 그 설교 시간이 너무 힘들었다"는 어느 집사님의 이야기도 생각났습니다.

　예수님의 증인은 말과 행동이 맞지 않으면 오히려 천국의 문이 막히고 자신도 못 들어간다는 것을 성경은 우리에게 가르쳐 주고 있습니다. 예수님의 증인이 되려면 올바른 말과 신뢰 가는 인격이 뒤따라야 합니다. 그래야 그 증인의 말을 믿고 예수님을 영접할 것입니다.

　증인이 거짓말을 하고 믿지 못할 인격을 지닌 채 예수님을 증언하면 하나님을 망령되게 하는 것은 아닌지, 또 증인이 된 설교자가 망령되고 헛된 말로 나쁜 목적을 가진 설교를 한다면 듣는 자들에게 유익이 적을뿐더러 도리어 듣는 자를 망하게 하지 않나 여겨집니다. 앞서 인도하는 사람이 잘못 가면 뒤따르는 사람도 잘못 가기 마련입니다.

　수많은 신도들이 잘못된 설교로 하나님을 떠난다면 그 설교자가 하나님께 어떤 책망을 받을까 두렵습니다. 큰 교회에는 금그릇과 은그릇뿐만 아니라 나무그릇과 질그릇도 있습니다. 귀하게 쓰이는 것도 천하게 쓰이는 것도 있습니다. 모두 금그릇만 있는 것이 아닙니다.

　그러나 자신의 그릇이 작고 달란트가 적다고 실망할 필요는 없습니다. 자신을 깨끗하게 하면 모든 선한 일에 준비되어 주인의 쓰임을 받게 되는 것입니다. 아무리 작은 일을 했더라도 하나님이 인정하고 기뻐하시면 그것이 바로 우리 크리스천에겐 진정한 행복이 아닌가 생각합니다.

결론적으로 하나님의 증인은 본인 스스로 하나님 말씀을 옳게 분별하고 신뢰받는 인격과 거짓 없는 말을 갖춰야 합니다. 부끄러울 것 없는 자가 되어 하나님을 섬기는 일에 힘쓰는 것이 중요합니다.

우리는 전도하기 전에 자신의 행위를 돌아보고 자신이 얼마나 상대방에게 믿음을 주는가를 돌아보았으면 합니다. 그다음에 하나님 말씀을 전하면 전도가 그리 어려운 일이 아닐 것이라고 생각합니다. 전도하는 것은 어려운 일이 아니지만 증인으로서 자격을 갖추는 것은 정말 힘든 일이 아닐 수 없습니다.

감사합니다.

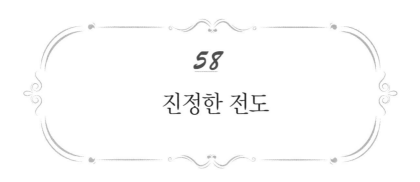

58
진정한 전도

베드로전서 3장에 "아내 된 자들아 남편에게 순복하라. 아내의
그 행위로 말미암아 구원을 얻게 하려 함이라."라는 내용이 나
옵니다. 여기서 아내 된 자는 우리 믿는 성도들을 지칭할 수도
있고 아내를 지칭할 수도 있습니다.

오늘은 전도는 말보다 행동이 더 중요하다는 이야기를 하려고 합
니다.

먼저 우리 회사 직원에 대해 이야기하겠습니다. 이 직원은 회사에 입
사해 사장인 나를 통해 기독교 신앙을 처음 알게 되었다고 합니다. 평
생 불교 집안에서 성장했기에 회사 조회 시간이나 모임에서 제가 직원
들에게 기독교 신앙을 소개하고 기독교적 가치관을 설명하는 것이 매
우 부담스러웠다고 합니다.

하나님이 천지를 창조했다는 이야기부터 미신적이라고 생각했다는
그는 어느 날 막내아들을 가르치던 학원 교사가 전화해서 아들을 자
신이 출석하는 교회에 데리고 가겠다고 말했다 합니다.

예전에는 말도 안 되는 이야기를 한다고 핀잔을 주거나 공부나 잘

시키라고 한마디 쏘아붙일 만한 상황이었습니다. 그런데 그날은 웬일인지 예수를 열심히 믿는 사장처럼 아들도 부자가 될 수 있을지 모른다는 생각이 들어 자신도 모르게 데려가라고 승낙했다고 합니다.

그 후 직원은 아들이 몇 달째 너무나도 열심히 교회에 나가기에 혹시 무슨 이단에라도 빠졌는지 걱정되어 몰래 따라가 보았다고 합니다. 예상 외로 아들이 간 곳은 아주 작은 교회였고 70여 명의 성도 가운데 아들이 진지하게 설교 말씀을 듣고 있는 모습을 보고 깜짝 놀랐다고 합니다. 그리고 그 직원도 아들을 따라 교회를 나가기 시작했다고 합니다.

하루는 그 직원이 나를 찾아와 신앙 상담을 요청했습니다. 아들과 자신이 다니는 교회가 건전하고 믿을 만한 곳인지 알아봐 달라고 했는데 내가 이상이 없다고 하자 기도원에 가서 일주일간 금식하며 영적 체험도 하는 등 놀라운 신앙 성장을 이루었습니다. 그리고 오히려 자신의 신앙 체험을 내게 간증해 저를 놀라게 했습니다.

더 신기한 것은 그 직원은 자신이 처음에 교회에 간 것은 부자가 되기 위해서였는데 교회에 막상 가 보니 가난한 사람이 더 많았다고 했습니다. 그럼에도 왜 이렇게 마음이 행복한지 모르겠다고 했습니다. 기쁨과 감사가 솟는다고 했습니다.

그래서 그 직원에게 제가 '성경은 부자가 되게 하는 말씀이 아니고, 세상은 광야와 같으니 세상 욕심을 버리고 살라는 말씀'이라고 설명해 주었습니다. 그는 예배를 드리고 나면 마음이 어찌 그리 편한지 모르겠다고 말했습니다.

전도는 말로 하는 방법도 있지만 기독교인으로서 자신의 위치를 잘 지키는 것도 그 방법이라고 생각합니다. 대한민국의 건국 초기 이승만, 김구, 안창호 등 기독 지도자들의 모습에서 지금 기독교의 부흥을 이룬 원동력을 찾을 수 있다고 생각합니다. 오늘날 기독교인들의 좋은 행실이 하나님의 말씀을 흥왕하게 하고 하나님께로 돌아오게 만드는 전도 방법이 된다고 생각해 봅니다.

베드로전서 3장에 "아내 된 자들아 남편에게 순복하라. 아내의 그 행위로 말미암아 구원을 얻게 하려 함이라."라는 내용이 나옵니다. 여기서 아내 된 자는 우리 믿는 성도들을 지칭할 수도 있고 아내를 지칭할 수도 있습니다.

우리가 말보다 행동으로 먼저 하나님께 복종하는 모습이 세상 모든 사람에게 복음을 전하게 하고 결국 구원을 얻게 한다는 말씀입니다. 저 개인적으로 깊은 감명을 받은 구절입니다. 우리 기독교인의 행동 하나하나는 결국 하나님을 전하는 도구입니다. 우리의 삶이 곧 전도라는 생각을 해 봅니다.

감사합니다.

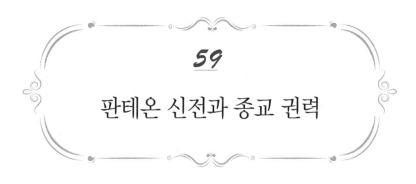

59

판테온 신전과 종교 권력

중세에 루터가 로마교회의 교리에 반기를 들고 성경을 모든 교
인이 볼 수 있게 번역하고, '오직 믿음으로'라는 말씀을 들고 나
와 종교개혁을 단행합니다. 이것이 바로 개신교의 시작입니다.

인류의 역사를 바꾼 대사건 중 하나로 콘스탄티누스의 기독교 공인
을 꼽을 수 있습니다. 그동안 지하에서 고통받던 기독교인들이 황제의
인정을 받고 권력의 중심 세력으로 등장한 것은 역사적인 대사건이었
습니다.

이렇게 상황이 역전되자 당시 로마를 지배하던 다신교가 기독교의
눈치를 보기 시작했습니다. 제우스를 섬기던 일부 신관들이 가톨릭으
로 개종해 신부가 되어 다시 권력의 중심으로 이동하게 되는 현실을 발
견하게 됩니다.

이 상황을 자세히 들여다보면 다신교와 기독교가 어설프게 정치적
으로 연합해 로마 가톨릭으로 탄생하는 대변화를 보인 것입니다. 이때
많은 초대교회의 교인들이 우상숭배와 결합하는 종교 형태에 실망하

고 로마 가톨릭 교회를 떠나 사막으로 또는 산속으로 가서 수도원 운동을 하게 됩니다.

콘스탄티누스는 로마의 기존 다신교인들을 달래는 한편 기독교인들도 끌어안는 정치적인 종교 형태를 원했고, 이것을 통치 수단으로 활용할 의도를 갖고 있었기에 로마 가톨릭을 새로운 로마의 국교로 선포했던 것이라 여겨집니다.

그러나 초대 기독교인들 사이에서 로마 교황이 적그리스도라는 이야기가 떠돌 정도였고 요한계시록을 토대로 비판적인 이야기가 나오자, 로마 가톨릭은 요한계시록을 금서로 정하고 박해를 시작했습니다. 더 나아가 성경 전체를 금서로 정하고 성경을 읽는 모든 사람을 마녀 또는 배교자로 낙인찍어 화형에 처하는 중벌을 주었습니다.

교인들은 물론 신부들까지도 성경을 읽다 발각되어 처형되곤 했는데 당시는 성경 대신 교리 중심, 예수님보다는 교황이나 마리아를 통한 중보, 각종 성인들을 통한 중보 등 옛 로마 종교와 비슷한 종교 형태를 갖추게 된 것을 볼 수 있습니다.

판테온 신전은 만신전이라는 뜻으로 모든 신에게 바쳐진 신전이라는 그리스어입니다. 특히 주피터, 마르스, 로물루스, 시저 등의 석상이 세워져 있는 다신교의 전형적 신전입니다. 카타콤에 있던 순교자들의 시신을 옮겨놓고 성당으로 바꾸어 오늘날까지 보존하고 있습니다. 그러나 그 내부가 많은 성당들과 너무나도 흡사하여 현장을 답사한 저의 눈에는 아주 기이하게 보였습니다.

다 아시는 대로 중세에 루터가 로마교회의 교리에 반기를 들고 성경을 모든 교인이 볼 수 있게 번역하고, '오직 믿음으로'라는 말씀을 들고 나와 종교개혁을 단행합니다. 이것이 바로 개신교의 시작입니다.

천주교와 개신교는 비슷하지만 제 개인이 판단하기엔 다른 종교라고 여겨집니다. 천주교는 신부님에게 죄를 고백하면 신부님이 죄를 사해주는 역할을 하지만 개신교는 오직 하나님만이 그 역할을 하실 수 있다고 믿습니다.

교황과 마리아를 통하여 하나님과 교통한다는 천주교와 만민이 제사장이 되어 직접 교통한다는 개신교 사이에는 매우 큰 차이가 있습니다. 천주교의 제사 중심 예배 형태와 개신교의 말씀 중심 예배 형태도 차이가 큽니다. 양쪽 모두 하나님을 믿어 구원을 받는다는 것은 같지만, 교회 정치 형태도 중앙집권식 형태와 민주 형태로 완전히 다릅니다.

많은 교인들이 천주교와 기독교가 같다고 막연히 생각하고 있지만, 좀 더 생각해 볼 시간과 기도가 필요하다고 봅니다. 어떤 곳이 주님이 계신 곳인지, 내가 직접 하나님께 나아갈 수 있는 곳인지 진지하게 판단해 보아야 할 것입니다.

기도를 통해 바른 혜안을 얻고 기독교 신앙의 바른 정통성을 확인하는 우리 모두가 되면 좋겠습니다.

감사합니다.

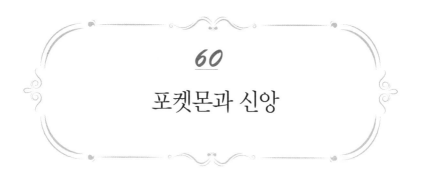

60
포켓몬과 신앙

보이는 것이 가짜이고 보이지 않는 것이 진실일 수 있습니다. 신앙이란 바로 보이지 않는 하나님을 찾아내어 믿고 따르는 것입니다. 하나님은 보이지 않지만 우리의 믿음의 눈으로 보면 언제나 우리와 함께 계십니다.

한때 세계적으로 열풍이 불었던 '포켓몬 고'라는 게임이 있었습니다. 이 게임은 스마트폰 증강 현실 게임으로 실제 사물 위에 가상 이미지가 함께 보이는 기술입니다. 게임을 통해 거리를 보면 이곳저곳 귀여운 괴물이 살고 있는 모습이 보이는데 이 괴물을 잡는 것이 게임의 출발입니다.

우리 회사에 근무하는 한 여직원이 시내에 나갔다가 포교하는 사람에게 이끌려 한 종교 단체 건물에 들렀다고 한다. 그들은 여직원에게 누가 제일 보고 싶은지 물었습니다. 그녀는 자신이 어렸을 때 정성껏 키워준 할머니가 보고 싶다고 말했습니다. 그러자 잠시 주문을 외운 후 할머니의 영상을 잠시 보여주었고, 다음에 오면 좀 더 길게 보여 준다고 해서 다음 날도 그다음 날도 계속 찾아가 할머니를 잠시 보았다고 합니다. 이 단체에 빠진 그 직원은 결국 큰 헌금을 약속하게 되었습니다.

그 여직원은 회사에 와서 직원들에게 돈을 꾸어 헌금을 냈으나 그마저 돈이 부족해 어느 지방의 건축장에서 무상 노동을 하던 중 가까스로 그곳을 탈출하여 집으로 돌아왔다고 합니다.

이 여직원이 종교 단체에서 영혼을 불러내는 초혼의 능력을 본 것인지는 저도 확인할 길이 없습니다. 그렇지만 이것이 증강 현실이란 게임을 개발한 것과 연관이 있지 않나 생각해 보게 됩니다.

일본 닌텐도사가 1996년에 만들어 히트한 이 게임은 일본 도처에 귀신이 있다는 믿음이 있어 개발이 가능했음을 알 수 있습니다. 해방 직후 우리나라도 이 일본의 영향을 받아 장독대에는 장독대귀신, 주방에는 주방귀신, 화장실에는 뒷간귀신이 있다고 믿고 조그만 제물을 차려 놓은 집들이 많았습니다.

즉, 일본의 귀신 문화가 휴대전화를 통해 세계문화의 주류로 들어온 것임을 알 수 있습니다. 하나님의 말씀이 왕성해야 되는데 귀신 문화가 하나님 문화 대신 인류의 생각 속에 자리를 잡아가는 모습을 우려하는 목소리가 참으로 큽니다.

이런 게임을 통해 우리 어린이들이 귀신 문화에 익숙해질까 매우 걱정스럽습니다. 귀신과 접하다 보면 아주 쉽게 귀신 문화에 빠려들어 갈 수 있습니다. 모세의 군대가 여리고 성을 점령할 때 하나님은 남자는 물론 여자와 어린아이, 동물까지도 살육하라고 명령했습니다.

이것을 보고 "하나님이 얼마나 잔인한 신인가"라고 많은 반기독교 학자들이 공격했습니다. 그러나 이것은 귀신 문화에 길들여진 여리고 백성의 문화로 이스라엘 백성이 타락할 것을 우려한 하나님의 사랑의

지시였습니다. 그 당시 여리고에서는 수간과 남색이 매우 유행했다고 합니다.

우리가 사는 현재의 세계에도 똑같은 현상이 있습니다. 앞에 보이는 현상 이면에는 또 다른 내용이 있습니다. 겉은 아주 좋아 보이나 뒷면을 보면 아주 다른 내용이 있을 수 있습니다. 경영자는 그것을 간파하고 이면 세계를 통찰해 경영 전략을 짜야 합니다.

보이는 것이 가짜이고 보이지 않는 것이 진실일 수 있습니다. 신앙이란 바로 보이지 않는 하나님을 찾아내어 믿고 따르는 것입니다. 하나님은 보이지 않지만 우리의 믿음의 눈으로 보면 언제나 우리와 함께 계십니다. 그리고 이것을 확신시켜주고 하나님의 뜻을 알게 하는 것이 하나님의 말씀인 성경입니다.

성경은 하나님의 뜻을 알려주고 우리가 바르게 사는 방법과 지식을 교훈하는 교과서이기에 귀신 문화인 포켓몬의 유혹으로부터 우리와 우리 자녀들을 보호해야 할 것입니다.

감사합니다.

"너는 마음을 다하고 뜻을 다하고 힘을 다하여 네 하나님 여호와를 사랑하라 오늘 내가 네게 명하는 이 말씀을 너는 마음에 새기고 네 자녀에게 부지런히 가르치며 집에 앉았을 때에든지 길을 갈 때에든지 누워 있을 때에든지 일어날 때에든지 이 말씀을 강론할 것이며"(신6:5-7)

chapter 7

하나님의 나라와 의

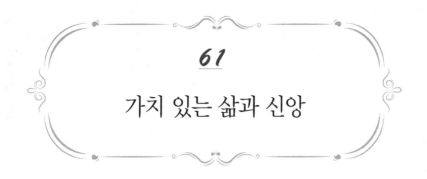

61

가치 있는 삶과 신앙

한국 교회는 청년들을 키워야 합니다. 그들이 당장은 교회에 크게 헌신하지 못해도 먼 미래를 내다보며 아낌없이 양육해야 합니다. 말씀과 기도를 중심으로 청년들을 깊이 있게 가르쳐야 합니다.

오늘은 우리가 인생을 살면서 신앙과 삶을 일치시켜 진정 가치 있는 일에 투자하는 방법에 대해 이야기하려고 합니다.

오래전 저는 한 기독교 단체의 청년 지도자와 만나 이야기를 나눈 후 그 사역에 큰 감동을 받았습니다. 그래서 지금까지도 그들과 교제하면서 사역에도 가능한 협력하고 있습니다.

그 청년은 누구나 알아주는 이른바 명문대를 나와 좋은 직장을 다니며 많은 월급을 받고 안락한 생활을 했습니다. 그런데 어느 날 하나님의 강력한 부르심을 받았다고 합니다. 그래서 자신의 모든 것을 바쳐 선교 사역을 시작하게 되었고 지금 벌써 14년째가 되었습니다.

그는 그동안 고난도 많았지만 성령께서 자신을 붙들어 주셔서 즐거운 마음으로 이 길을 걸어가고 있다고 간증했습니다. 또한 자신과 함께 일하는 청년들도 대기업에서 많은 급여를 받다가 지금은 이곳에 합류해 일을 하는데 예전보다 반 이하의 급여를 받아도 만족하며 더 기쁘게 일하고 있다고 했습니다.

이 청년들은 자신들의 사역이 하나님이 기뻐하시는 일이라 믿고 있었습니다. 무엇보다 자신들의 재능이 하나님께서 원하시는 대로 쓰임받고자 한다는 말이 제게 아주 의미 있게 들렸습니다. 최고 명문대에 재학 중인 한 청년은 휴학을 하면서까지 이 사역에 동참하겠다고 말했다고 합니다.

저는 이 젊은이들의 모습에서 한국 교회에 희망이 있음을 보았습니다. 하나님이 한국 교회를 위해 좋은 싹을 키우고 계시다는 생각이 들었습니다.

사실 한국 교회에서는 청년들이 미래의 희망인데 그 숫자가 자꾸 준다는 이야기를 듣고 안타까운 마음이 들었습니다. 또 한국 교회의 청년 예배가 자극적인 찬양과 프로그램들 때문에 그 본질이 훼손되는 것은 아닌가 하고 우려의 눈길을 보내기도 했습니다.

저는 앞서 소개한 청년들처럼 하나님이 기뻐하실 일에 헌신하는 이들이 많아졌으면 좋겠습니다. 아울러 한 분야에서 최고가 되는 실력 있는 크리스천 청년들이 많이 나오길 희망합니다.

한때 지방에 있는 H대학교 졸업생들이 실력 있고 겸손하고 품성이 훌륭하다고 소문이 나서 그 대학 출신이 대기업 채용자들에게 인기를 얻었던 적이 있었습니다. 이런 대학이 더 많이 생겨나야 한다고 저는 생각합니다.

한국 교회는 청년들을 키워야 합니다. 그들이 당장은 교회에 크게 헌신하지 못해도 먼 미래를 내다보며 아낌없이 양육해야 합니다. 말씀과 기도를 중심으로 청년들을 깊이 있게 가르쳐야 합니다.

세상은 점점 험해져 하루하루 성령의 검으로 마귀를 물리쳐야 합니다. 저는 이 성령의 검이 바로 성경 말씀이라고 생각합니다. 그래서 그 청년들에게 말씀 묵상과 기도를 게을리 하지 말라고 간곡히 당부했습니다. 그리고 말씀에 자신을 항상 비춰보도록 권면했습니다.

세상은 언제나 우리를 영적으로 무너뜨리려고 합니다. 이럴 때일수록 우리는 말씀으로 깨어 삶 전체를 통해 하나님께 영광을 올려 드릴 수 있어야 할 것입니다.

청년들은 다음 세대를 이끌어갈 주역들입니다. 하나님 앞에 헌신하고 복음으로 무장한 젊은이들이 더 많이 나와서 이 땅에 그리스도의 계절이 하루빨리 왔으면 좋겠습니다.

감사합니다.

62

기독 정신

한국은 복음의 바탕 위에서 세워졌고 키워졌습니다. 바로 기독
정신으로 세워진 나라입니다. 가난하고 무지했던 조선 말기에
이 땅에 들어온 선교사들의 도움으로 개화되었고 이승만 대통
령의 기도로 시작한 대한민국은 세계 경제 대국이 되었습니다.
그리고 민주주의가 정착되어 자유와 번영을 가져다주었습니다.

제가 어렸을 때 부모님에게 자주 듣던 이야기 중의 하나가 돈을 많이
벌어 불쌍한 사람을 도우라는 이야기였습니다.

당시 이런 교훈의 말은 제게만 국한된 것이 아니었으며, 돈을 벌면 남
을 도와야 한다는 자세는 기독교 가정뿐 아니라 한국의 모든 어버이들
의 가르침이었습니다. 그래서 60~70년대 많은 회사들이 사훈을 '기업을
통해 국가에 은혜를 갚는 산업보국'이라고 써서 붙여 놓곤 했습니다.

이후, 조그만 기업이 나중에 커져 대기업이 되고, 그에 따라 선대의
유훈을 생각하며 국가를 위해 그리고 불쌍한 사람을 위해 좋은 일을
많이 하는 사람들의 기사를 자주 보며 뭉클한 감동을 받곤 했습니다.
그분들도 나처럼 부모님에게 교훈을 받고 자라 그것을 실천한 것이라
여겨졌습니다.

그런데 요즘 신문기사들을 보면 정말 참담하게 느껴지는 것이 있습니다. 대기업을 이어받은 후손들이 창업주의 정신을 이어받지 않고 겸손치 못한 모습을 보는 것과, 동시에 많은 직원을 고용하고 가정을 꾸리게 하는 대기업 총수가 마치 큰 죄인인 것처럼 공격을 당하는 것입니다.

제가 기업을 운영해서가 아니라 이런 목소리를 들을 때마다 너무 안타깝습니다. 그 목소리가 더 강해지면 우리 국민이 다시 가난을 겪을 수도 있을 것이라고 생각해 보았습니다. 북한과 구소련의 모습을 보면서도 깨닫지 못하는 것이 정말 안타깝습니다.

우리나라는 별다른 자원이 없어 수출로 사는 나라입니다. 따라서 수출 주도 기업이 무너지면 어떻게 될까 우려스럽습니다. 저는 기업가 정신이 되살아나야 우리 살림살이가 더 나아질 것이라 확신합니다.

우리나라는 세계에서 가장 살기 좋은 나라라고 생각합니다. 미국, 일본, 유럽보다 의료복지나 의료제도가 훨씬 좋습니다. 초임도 미국, 일본보다 우리가 높은데 왜 이런 나라를 헬조선이라고 이야기하는지 모르겠습니다.

제가 미국에서 공장을 운영할 때 노동자 초임을 300만 원 정도 주었는데 당시 베트남은 30만 원, 중국은 50만 원, 필리핀은 30만 원 정도였습니다. 반면 당시 한국은 400만 원 정도였습니다. 그래도 좋은 사람 구하기가 어려웠습니다. 우리나라가 70년 만에 이렇게 발전한 것은 인류 역사상 처음이라는데 정말 자랑스러운 조국입니다.

한국은 복음의 바탕 위에서 세워졌고 키워졌습니다. 바로 기독 정신으로 세워진 나라입니다. 가난하고 무지했던 조선 말기에 이 땅에 들어온 선교사들의 도움으로 개화되었고 이승만 대통령의 기도로 시작한 대한민국은 세계 경제 대국이 되었습니다. 그리고 민주주의가 정착되어 자유와 번영을 가져다주었습니다.

이 대한민국의 건국 정신이 바로 기독 정신입니다. 기독 정신의 핵심으로 선교사들은 하나님 사랑과 나라 사랑을 가르쳤습니다. 삼일 운동 등 독립 운동의 주역이 기독교인들이었고, 교육과 의료의 주역 또한 기독교인이 주축을 이루었습니다. 그리고 산업을 일으킨 기업인들의 주역 또한 기독교인이 많았습니다. 근검절약하고 부지런하고 직업에 대한 존경심, 타인에게 베푸는 기업 정신 모든 것이 기독 정신에서 나온 것입니다.

요즘 기업가 정신, 기독 정신이 사라지고 있습니다. 기업가 가운데에는 의욕을 잃고 기업가 정신을 이야기하지 않고 그저 현상 유지만 하려는 사람이 많습니다. 이제 기독 정신이 살아나고 교회도 기독 정신을 교인들에게 가르쳐야 합니다. 우리가 가졌던 기독 정신이 대한민국의 가치관으로 자리 잡아야 합니다. 그래야 자유민주주의가 우리를 번영의 길로 인도할 것입니다.

감사합니다.

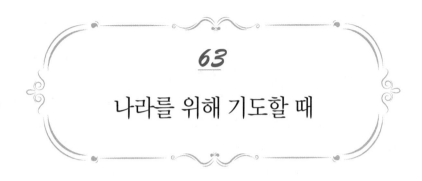

63
나라를 위해 기도할 때

이제 크리스천들이 나서서 나라를 위해 기도해야 할 때입니다. 안보를 위해, 이 땅에 두 번 다시 동족상잔의 비극이 일어나지 않도록 간절히 기도했으면 합니다. 성경에 등장하는 믿음의 인물들은 모두 애국자였습니다.

지금 우리는 애타는 마음으로 나라의 안보를 위해 기도해야 할 때라는 점을 강조하고 싶습니다.

유럽의 발칸반도는 세계의 화약고라 불립니다. 유고슬라비아로 통일되어 평화롭게 살던 곳이었으나 지도자 티토 대통령이 죽고 난 후 같은 민족끼리 내전을 벌임으로써 소위 '인종 청소'라 불리는 대학살이 일어난 지역입니다.

이 사건은 너무나 끔찍해서 인간의 잔학성을 새삼스레 깨닫게 합니다. 1990년대 초반부터 중반까지 세르비아 군대는 보스니아를 공격해 무슬림들을 무참히 살육했고, 이는 세계적인 공분을 불러일으켰습니다.

이들은 같은 피를 나눈 슬라브족입니다. 그런데 단지 종교가 다르다는 이유로 같은 민족끼리 서로 죽이는 일은 아무리 좋게 생각하려 해도 너무나 끔찍한 일이었습니다. 사상과 종교가 인간을 이토록 잔인하게 만들 줄은 아무도 몰랐습니다.

1950년에 일어난 6·25 한국전쟁도 표현만 다를 뿐이지 발칸반도의 내전과 매우 비슷한 면이 강합니다. 그저 사상이 다르다는 이유로 같은 민족끼리 탱크를 앞세워 수백만 명의 사상자를 낸 것은 세계에서도 매우 드문 비극 중의 비극이기 때문입니다.

당시 우리 국민은 공산주의가 무언지 잘 몰랐습니다. 당연히 민주주의에도 별로 관심이 없었습니다. 그저 이웃끼리 평화롭게 서로 도우면서 잘 살고 싶었는데 그 이념과 사상이 동족상잔의 비극을 만들어 낸 것입니다.

이 끔찍한 한국전쟁을 기억하는 노년들은 한반도에 어찌하든 결코 전쟁만은 일어나서는 안 된다고 부르짖고 있습니다. 그러나 남북한의 화해는 될 듯하면서도 긴장 관계가 이어지고 있습니다. 여기에 주변 강대국들의 이해관계 속에 한국은 점점 목소리를 잃고 있다는 생각이 들어 우리를 불안하게 합니다.

6·25 때에도 한국에서 전쟁이 일어날 것으로 예견한 사람은 아무도 없었습니다. 그런데 지금도 전쟁을 체험하지 못한 세대, 공산 정권의 실체를 제대로 알지 못하는 이들로 인해 정세를 오판할까 걱정하는 분들이 참으로 많습니다.

지금 한국은 심한 민심의 갈등으로 고통받고 있습니다. 모두가 애국심의 발로임을 강조하고 있지만 진정한 애국심이 무엇인지 그 가치 기준마저 흔들리고 있습니다.

이제 크리스천들이 나서서 나라를 위해 기도해야 할 때입니다. 안보를 위해, 이 땅에 두 번 다시 동족상잔의 비극이 일어나지 않도록 간절히 기도했으면 합니다. 성경에 등장하는 믿음의 인물들은 모두 애국자였습니다. 나라가 있어야 자신이 있다는 것을 잘 알고 있었기 때문입니다.

아침에 일어나 하루를 시작하며 하나님 앞에 기도하면서 나라를 위한 기도, 위정자를 위한 기도를 꼭 포함했으면 합니다. 우리 모두 하나님께 전쟁 없는 평화로운 대한민국이 되게 해달라고 기도했으면 합니다. 그리고 '하나님이 보우하사 우리나라 만세'라는 애국가 가사를 한 번쯤 떠올려 보았으면 합니다.

감사합니다.

64

대한민국 역사의 뿌리,
청교도 정신

기독교의 사회 참여도 좋고 이웃 돕기, 북한 돕기도 다 좋습니다. 그러나 이런 것보다 먼저 전제되어야 할 것이 있습니다. 우리의 자랑스러운 신앙의 뿌리, 기독교 문화의 뿌리가 청교도 신앙으로 시작되었다는 사실입니다.

저는 기독교인으로서 사업을 하면서 크고 작은 모임에 가면 신앙적인 이야기를 한마디 해달라고 요청받을 때가 많습니다. 저는 그때마다 청교도 신앙 정신에 대해 이야기를 합니다. 그 이유는 대한민국의 건국에 청교도 신앙이 선명하게 깃들어 있기 때문입니다.

청교도는 성경적 삶을 이 땅에서 실천하고자 하는 프로테스탄트를 모두 지칭하는 단어입니다. 이들은 성경 말씀을 정치, 경제 등 국가와 개인 생활의 모든 분야에 끌어들여 실천하고자 했으며, 청결한 생활과 해외 선교를 통해 하나님의 말씀을 전하는 데 자신의 일생을 건 순수한 신앙을 가졌고 또 그런 신앙인들을 많이 배출했습니다.

청교도들은 하나님 말씀에 그대로 순종하고 이 땅에 하나님 나라를 건설한다는 성경관으로 영국을 떠나 미 대륙 신천지에서 그 뜻을 이루어 오늘의 미국을 만든 신앙인들입니다.

그들의 신앙 열정은 언더우드, 아펜젤러 등 많은 선교사들을 한국에 보냄으로써 한국의 근대화에 결정적 역할을 감당케 했고, 그들이 세운 배재학당, 연세대, 이화여대 등은 한국 사회의 지도자들을 양성해 냈습니다.

이 지도자들은 식민지 시대 독립 운동의 중심이 되었고 이승만, 김구 등 기독교 인사들은 한국의 임시 정부를 이끌었을 뿐만 아니라 대한민국을 건국했습니다. 대한민국 헌법은 청교도 헌법인 미국 헌법을 본보기로 삼아 제정됐으며, 기도로 제헌 국회를 시작하는 대한민국이 이렇게 탄생하게 된 것입니다. 대한민국이 청교도 정신을 이어받은 미국 다음의 국가가 된 것입니다.

이처럼 대한민국의 뿌리라 할 수 있는 청교도 정신은 정치, 경제, 문화, 의료 각 분야에 미치지 않은 곳이 없습니다. 대한민국의 초대 학교는 거의 기독교인이나 선교사들에 의해 설립되어 운영되었고 병원 역시 선교사들에 의해 설립되었습니다.

한글 전파, 여성 교육, 여성 인권 신장 등 우리 사회에 청교도 정신이 미친 영향은 절대적입니다. 그리고 교회에 전파된 선교사들의 청교도적 복음주의 신앙관은 한국 초대 교회사의 주류를 이루었고 그 정신은 일제에 저항하는 민족정신이 되었습니다.

절대적인 하나님의 주권을 받아들이고, 성경을 하나님의 절대적 권위의 말씀으로 받아들이는 신앙관이 한국 교회의 근간을 이루었습니다. 그러므로 신앙의 뿌리를 교회에서 먼저 찾아야 합니다. 한국 기독교가 어떻게 시작되었으며, 오늘날의 한국이 있기까지 눈물로 기도하며 헌신한 수많은 서양 선교사들의 땀과 눈물을 기억해야 합니다.

기독교의 사회 참여도 좋고 이웃 돕기, 북한 돕기도 다 좋습니다. 그러나 이런 것보다 먼저 전제되어야 할 것이 있습니다. 우리의 자랑스러운 신앙의 뿌리, 기독교 문화의 뿌리가 청교도 신앙으로 시작되었다는 사실입니다.

한국 기독교는 이 사실을 잊지 말아야 합니다. 그래서 하나님의 나라가 이 땅에 이루어지도록 우리 모두 함께 기도해야 할 것입니다.

감사합니다.

65

사울과 무당

저는 하나님께 의지하고 매달리면 반드시 도움을 주실 것이라
는 확신이 그를 이렇게 큰 신앙인으로 새로 태어나게 했다고 믿
습니다. 위대하신 하나님은 우리의 간구를 들으십니다.

사울은 이스라엘의 초대 왕입니다. 이스라엘을 이끌 최고 지도자로
서 하나님의 기름 부음을 받았습니다. 그리고 예언을 하는 선지자의 위
치까지 올라서게 되었습니다. 완전한 하나님의 사람이 된 사울의 치적
은 무당과 점쟁이 등 우상숭배자들을 몰아내고 하나님과 동행하는 통
치를 한 것입니다.

그러나 사울은 세월이 흐르면서 변해버리고 말았습니다. 하나님을
떠나 백성에게 인기를 얻고자 했습니다. 성취욕과 탐심이 그를 지배했
습니다. 하나님의 명령을 소홀히 여기고 하나님께서 전쟁을 통해 모든
것을 다 멸하라고 하신 말씀을 어겼습니다. 살찐 소와 양을 취하고 아
각왕을 살려주어 하나님의 노여움을 샀습니다. 블레셋과의 마지막 전
투에서는 자신감을 잃고 하나님 대신 무당에게 의탁해 사무엘과 초혼

하기도 했습니다. 하나님을 의지하지 않고 무당에 의존했던 사울이었습니다.

하나님은 전투에서 사울과 그의 아들을 시체로 남겨두고 왕권이 자연스럽게 다윗에게 넘어가는 역사를 보이셨습니다. 아무리 하나님 앞에 쓰임을 받았어도 그 결과가 중요하다는 것을 우리에게 보여주는 사례입니다.

지금은 세상을 떠났지만 이름만 들어도 다 알 만한 유명 인사가 있었습니다. 교회 직분이 장로였는데 그가 사망하기 얼마 전에 어떤 스님과 동행해 점을 보았다고 합니다. 당시 그는 여러 가지로 위급한 상황이긴 했는데 그래도 기독교인으로서 어떻게 하나님 대신 점쟁이에게 의지하여 위기를 벗어나고자 했는지 도저히 이해되지 않았습니다. 하나님이 계신데 왜 다른 신에게 매달렸는지, 그가 정말 신앙인이 맞는지 의심이 들지 않을 수 없었습니다.

친분이 있는 어느 장군이 진급을 앞두고 노심초사하던 중, 천주교신자라 성당에서 기도를 열심히 했다고 합니다. 그리고 그의 부인은 절에 불공을 드리러 다녔다고 합니다. 이 말을 들은 나는 하나님으로도 부족해서 부처님까지 동원하느냐고 농담을 했지만 그는 상황이 급하니 하나님이든 부처님이든 모두의 도움을 받아 꼭 승진하고 싶다고 했습니다. 그러나 그는 결국 진급하지 못한 채 전역을 해야 했고, 부인은 얼마 후 지병으로 세상을 떠났습니다.

알고 지내던 후배가 연관되어 재판을 받게 되었기에 같이 기도해 준적이 있습니다. 담당 변호사의 노력에도 불구하고 감옥에서 어려운 수감 생활을 했고, 회사는 결국 문을 닫게 되는 등 정말 어려운 처지가 되었습니다.

그는 감옥에서 하나님께 간절히 매달렸다고 합니다. 눈물로 회개하며 온 가족도 하나님께 매달렸습니다. 그러자 기적이 일어났습니다. 감옥에 있던 상태에서 가석방이 되었고 재판에서도 무죄가 선고됐으며, 2심에서도 무죄 판결을 받아 보상금까지 받게 된 것입니다. 그리고 감옥에서 맺은 인연으로 큰 회사의 CEO로 영입되어 새로운 생활을 하고 있다고 합니다. 간증을 하는 그의 눈에 촉촉한 물기가 배어 나오고 있었습니다.

저는 하나님께 의지하고 매달리면 반드시 도움을 주실 것이라는 확신이 그를 이렇게 큰 신앙인으로 새로 태어나게 했다고 믿습니다. 위대하신 하나님은 우리의 간구를 들으십니다.

제 경우도 사업 시작 초기에 돈이 너무나 없어 하나님께 간구하는 기도를 드리는 것 외에는 할 수 있는 일이 없을 때가 있었는데, 그때마다 하나님은 길을 열어 주시곤 했습니다. 큰 어려움을 당할 때 진정으로 매달리면 외면하지 않으신 하나님께 감사하지 않을 수 없습니다.

힘들 때 기도할 시간만 있다면 이 세상 모든 풍파를 이겨낼 수 있는 존재가 우리 주의 백성이 아닌가 생각해 봅니다. "기도할 수 있는데 무엇이 걱정입니까" 하는 말씀이 더욱 생각나는 시간입니다.

감사합니다.

66

성경과 성서 그리고 점술

하나님께서는 우상숭배나 점치는 것을 제일 싫어하십니다. 죄 중에 제일 큰 죄가 바로 '나 외에 다른 신을 섬기는 것'인데, 특히 점을 치는 것은 하나님 이외에 하찮은 신을 믿고 의지하는 것으로 십계명 중 첫 계명을 어기는 것입니다.

오늘은 성경과 성서, 점술 이야기를 하려고 합니다.

영어로는 똑같이 'Bible'이라고 하지만 '성경'과 '성서'는 상당한 차이가 있습니다. 성경은 그 말씀이 하나님의 감동으로 쓰인 것이라 모든 것은 사실이며 그대로 믿어야 하는 경전이라는 뜻입니다. 이에 비해 성서는 하나님의 말씀인 것은 맞지만 지역 사회의 역사와 환경의 영향을 받은 내용이라는 의미도 담겨 있습니다. 해당 지역의 설화나 전설이 그대로 기술되어 있다고 생각하는 한 권의 거룩한 책이 성서의 뜻이기도 합니다. 따라서 우리가 이성적으로 받아들이기 어려운 '동정녀 탄생'이나 '물 위를 걸으신 것' 등은 '영해'라는 표현을 씁니다. 목사님이나 신학자의 해석을 통해 재조명한다는 것입니다.

저는 '성서'와 '영해'를 두고 대학 시절부터 고민을 많이 했습니다. 어떤 목사님께서는 문자에 너무 매달리지 말고 합리적으로 융통성 있게 받아들이라고 하셨습니다. 어이없게도 어떤 목사님은 천국이 있는지 자신도 잘 모르겠다며 '죽어봐야 안다'고 말씀하시는 바람에 무척 놀랐습니다. 그때 저는 당돌하게도 그 목사님께 '그런 말씀을 하시려면 차라리 교수를 하시지 왜 목사님 직함을 고집하느냐'고 물었던 기억이 있습니다.

성경은 역사적 사실입니다. 그런데 이를 깨닫지 못하고 이성적으로 접근하여 성경을 신화나 설화로 치부해 버리는 것이 무척이나 안타깝습니다. 저는 성경이 하나님의 감동으로 기록되었으며, 성경이야말로 우리가 자손을 잘 가르치고 선한 일을 하도록 이끌어주는 인간 최고의 지침서라고 확신합니다.

그래서 저는 기독교인이라고 자처하고 신앙이 좋은 것처럼 보이는 분들에게 성경 정독을 몇 번이나 했으며 또 묵상했는지 묻곤 합니다. 그런데 생각과 달리 성경을 제대로 정독해 여러 번 읽었다는 분들을 많이 만나지 못했습니다. 제 경험으로는 성경에 대한 의문은 당장 답이 나오지 않아도 끊임없이 관심을 쏟고 연구하면 그 해답을 하나님이 주시는 지혜와 깨달음으로 얻을 수 있었습니다.

성경을 읽고 그 진리를 깨달아 가는 기쁨은 매우 특별합니다. 이 중에서 우리 기독교인이 가장 조심하고 주의해야 할 일이 있습니다. 바로 하나님이 명하신 십계명 중 그 첫 계명을 잘 지키는 일입니다.

하나님께서는 우상숭배나 점치는 것을 제일 싫어하십니다. 죄 중에 제일 큰 죄가 바로 '나 외에 다른 신을 섬기는 것'인데, 특히 점을 치는 것은 하나님 이외에 하찮은 신을 믿고 의지하는 것으로 십계명 중 첫 계명을 어기는 것입니다.

주변 크리스천들 중에서 재미 삼아 점을 치다가 크게 낭패를 보고 어려움을 당하는 경우를 자주 보곤 했습니다. 난 그들에게 "바로 그것이 당신이 어려움을 겪게 된 원인일 것"이라고 말해 주곤 합니다.

레이건 전 미국 대통령의 부인 낸시 여사는 점성술사를 믿고 모든 행사 날짜를 물어본다고 했는데, 얼마 안 되어서 레이건 전 대통령이 치매에 걸렸다는 보도를 보았습니다.

성경에 "신접한 여인을 가까이 하는 사람을 멸하시겠다"라는 하나님의 말씀이 있습니다. 신접한 여인이 바로 무당이고 점쟁이입니다. 하나님이 제일 싫어하시는 일이 점치는 일인데, 기독교인 중에는 이를 재미 삼아 보는 사람이 있기에 제가 경각심을 갖도록 성경 속 사울과 그 아들이 죽임을 당한 사건들을 예로 들어 이야기해주곤 합니다.

우리 모두 늘 성경을 읽고 묵상하면서 다른 신을 섬기는 어리석음을 범하지 않도록 기도했으면 합니다.

감사합니다.

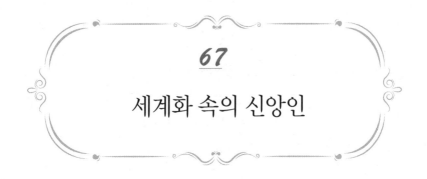

67
세계화 속의 신앙인

성경에서는 우상숭배가 기근, 가뭄, 가난을 불러온다고 이야기
하고 있습니다. 또한 하나님께 대적하는 세력을 돕는 일도 하
나님이 기뻐하시지 않는다는 사실을 잘 알아야 할 것입니다.

오늘은 하루가 다르게 변화하는 시대 속에서 현대인들이 추구해야
할 진정한 신앙적 가치가 무엇인지를 놓고 이야기를 나누어 보려고 합
니다.

현대인의 화두는 '세계화'입니다. 이러한 세계화는 역사적으로 종교
를 바탕으로 변화하곤 했습니다. 고대 시대의 세계화는 대륙화, 즉 중
국화였는데 중국의 국교는 불교였습니다. 그렇기에 신라, 고려 시대에
는 불교가 우리나라 사상과 신앙의 중심이었습니다.

이후 명나라가 들어서면서 중국의 국교가 유교로 바뀌자 조선도 불
교에서 유교로 국교가 바뀌었습니다. 결국 조선은 명나라와 친밀한 관
계를 유지하며 세계화의 흐름 속에서 그 명맥을 이어왔습니다.

그러다 판이 바뀌었습니다. 서구 문명이 세계의 중심이 되었고 그들

의 종교인 기독교가 세계화의 중심이 됐습니다. 세계화의 중심에서 빠진 중국, 인도, 몽골 등의 국가는 선진 대열에서 후퇴했습니다. 지구촌에서 세계화는 해도 되고 안 해도 되는 사항이 아닙니다. 세계화는 민족과 국가의 존망을 좌우하는 필수 사항이 된 것입니다.

이제 세계화의 중심 사상은 바로 퓨리터니즘, 즉 청교도 정신입니다. 청교도 정신은 기독교의 핵심 사상입니다. '직업은 귀천이 없으며 누구에게나 동일하게 주어진 사명이다. 근면 절약하는 생활, 정직한 삶의 추구, 재산은 하나님의 것'이라는 생각이 바로 청교도 정신입니다. 청교도 정신이 바로 기독교 국가 미국을 유지하는 기본 정신입니다.

대한민국도 선교사들이 들여온 기독교가 뿌리내리고 성장하고 발전하면서 하나님의 축복 아래 놀라운 번영을 누려 왔습니다. 유교 대신 기독교를 받아들여 큰 변화가 나타났습니다. 국민소득 3만 달러의 경제 강국이 되었습니다. 반면에 주체사상을 신봉하던 북한은 국민소득 1300달러의 극빈국으로 전락했습니다. 김일성을 신격화한 사상은 하나님에 대적하는 사상이며 우상숭배입니다.

성경에서는 우상숭배가 기근, 가뭄, 가난을 불러온다고 이야기하고 있습니다. 또한 하나님께 대적하는 세력을 돕는 일도 하나님이 기뻐하시지 않는다는 사실을 잘 알아야 할 것입니다.

이러한 세계화의 흐름 속에서 저는 기업인으로서 크리스천으로 살아야 할 정체성이 분명해졌습니다. 경영자로서 살아남기 위해서는 예수 그리스도의 정신으로 무장해야 한다는 사실을 깨달았습니다.

또 성경을 모르면 유대교, 이슬람교, 기독교권 사람들의 문화와 역사를 이해할 수 없습니다. 서양 문화를 잘 알기 위해서라도 기독교에 대한 이해는 필수적입니다. 더구나 자원과 돈이 기독교를 믿는 국가들에 밀집돼 있어 기업이 세계화를 통해 성공하려면 기독교인의 사고방식을 잘 익히는 것이 필요합니다.

우리는 세상을 살면서 무수한 고난을 경험합니다. 제 경우에는 제 노력으로 할 수 있는 것에는 한계가 있음을 늘 느끼곤 합니다. 결국 하나님의 도움 없이는 해결하지 못한다는 신앙고백을 하게 됩니다. 우리의 일생을 주관하시는 분은 하나님이시며 인간은 하나님의 영광을 위해 살도록 창조됐음을 믿을 때 우리의 삶은 좀 더 가치 있고 의미 있는 것이 됩니다.

기독교의 경전인 성경에는 세상의 모든 지혜가 다 담겨 있습니다. 기독교인으로서 성경의 내용을 확신하는 믿음을 가지면 그것이 세상을 바꾸는 힘이 됩니다. 오늘도 저는 하나님께 나의 생각과 행동 그 모든 것을 주관하여 주시길 기도하며 하루를 시작합니다.

감사합니다.

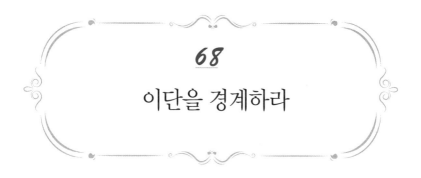

68
이단을 경계하라

이단은 특징이 있습니다. 먼저 성경의 권위를 부정하거나 성경을 자기 멋대로 해석하며 개인의 사상이나 이념을 전파하는 경우가 많습니다. 지나치게 율법적인 경우가 많고 배타적인 행태를 많이 보이기도 합니다.

오늘은 기독교 이단 이야기를 하려고 합니다.

제법 오래전 우리 회사 영업 사원 한 사람이 연락도 없이 일주일 동안 행방불명되었다가 출근한 일이 있었습니다. 자초지종을 물었더니 그의 아내가 한 종교 단체 교인인데 부부 동반 의무 교육에 꼭 참석할 수밖에 없었다고 합니다. 그리고 그 직원은 자신의 모든 수입을 교회에 헌금한다고 했는데 저는 그 말을 듣고 참으로 안타까움을 금할 수 없었습니다. 결국 그 직원은 퇴직했습니다. 알고 보니 기독교 이단 종파의 한 곳에 다니고 있었습니다.

또 다른 사례도 있습니다. 역시 제가 운영하는 회사 공장의 한 여직원이 직원들에게 돈을 빌려간 뒤 잠적해 버렸다는 보고가 들어왔습니다. 그는 평소 무척 성실한 직원이라 놀랐습니다. 몇 개월 후 퇴직금을 받으러 온 어머니로부터 그동안의 이야기를 들었습니다.

그 여직원은 퇴근하다 길에서 한 사람에게 포교를 당해 그들이 운영하는 모임 장소에 따라갔다고 합니다. 그곳에서 여직원이 생전에 사랑을 많이 받았던 할머니를 보여준다고 기도를 했고 얼핏 비슷한 영상을 본 것 같았다고 합니다. 이렇게 교제가 시작돼 그곳을 다니게 된 여직원은 그곳에 깊이 미혹돼 수천만 원을 헌금했고 그것도 모자라 그 종교 단체에서 집단으로 생활하며 노동력을 제공하다 가까스로 탈출했다는 것이었습니다.

요즘도 이렇게 말도 안 되는 일이 주변에서 벌어지고 있습니다. 성경에도 등장하지만 사람이 영적인 사술에 미혹되면 이성이 마비돼 바른 판단력이 사라지고 맙니다. 대한민국은 OECD 선진국인데, 우리 정신문화는 왜 이렇게 이상한 종교에 현혹될 정도로 약한지 의아심이 들 정도입니다.

전국에 교회는 많은데 이단을 경계하는 교육은 왜 이렇게 약한지 모르겠습니다. 사탄은 으르렁거리는 사자처럼 우리를 넘보고 있습니다. 교회의 역할 중의 하나가 성경으로 교인을 잘 무장시키고 이단과 사이비로부터 주의 백성들을 보호하는 데 있다고 생각합니다.

사회봉사와 선교도 중요하지만 이단에 넘어가지 않을 수 있게 하는 종교 교육도 정말 필요한 시점이라고 여겨집니다. 예수 그리스도 대신 본인이 구세주라 칭하는 종교는 볼 것도 없이 이단입니다.

그러나 신학적인 관점이 다르다고 해서 무조건 상대를 이단으로 정죄하고 서로 싸우는 교리적인 이단 정죄도 너무나 빈번해 안타깝습니다. 교인들은 이때 뭐가 뭔지 모르게 되는 경우가 많습니다.

이단은 특징이 있습니다. 먼저 성경의 권위를 부정하거나 성경을 자기 멋대로 해석하며 개인의 사상이나 이념을 전파하는 경우가 많습니다. 지나치게 율법적인 경우가 많고 배타적인 행태를 많이 보이기도 합니다. 성경에 등장하는 숫자를 아전인수격으로 해석하기도 합니다.

또 이들은 예수를 믿지 않는 자들을 전도의 대상으로 삼는 것이 아니라 이미 교회에 출석하고 있는 기존 신자들을 포교의 대상으로 삼고 비상식적인 행동을 하는 경우가 많습니다. 스스로를 '재림 예수'라고 주장하는 이들이 많으며 유독 기적이나 이변을 강조하기도 합니다.

말세에는 깨어 기도하지 않으면 우리의 신앙을 유지하기가 어렵다는 생각이 듭니다. 누구의 말보다 성경에 근거하고 오직 말씀만 붙잡고 살지 않으면 미혹 받을 위험이 많은 세상입니다. 우리 모두 깨어 기도하는 신앙인이 되었으면 합니다.

감사합니다.

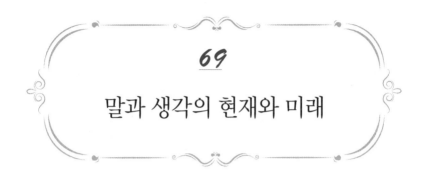

69

말과 생각의 현재와 미래

'네 생각과 말이 너의 가정과 직장과 너희 나라의 미래'라는 성경 말씀이 마음에 간곡하게 와 닿습니다. 그러므로 말과 행동과 생각을 주님 안에서 해야 합니다. 그래야 크리스천으로서의 삶이 반듯하게 될 것이라고 믿습니다.

　최근 모두들 어렵고 힘들다고 말하고, 실업자도 많은데 회사 입장에서는 오히려 직원 관리가 더 힘들다는 이야기가 들립니다. 며칠 전 거래처 기계 공장 사장님의 하소연 소리를 들었습니다. 회사에 출근하니 전기공무팀 6명이 모두 안 나왔다고 합니다. 전화도 안 받고 행방불명되어 무척 놀랐다고 합니다.

　사장은 공장이 올 스톱될 것이라고 생각했는데 다음 날 팀장이 출근해서 자신의 팀원 5명이 모두 사표를 낸다고 해 충격을 받아 병원에 갔었다고 합니다. 팀원들은 일이 힘들어서 못 하겠다며 실업급여 받고 몇 개월 쉬고 재취업하겠다고 했다고 합니다. 실업급여가 직원들의 안식처가 된 모양입니다. 사장은 회사 운영이 너무 힘들어 이참에 회사를 접을까 생각 중이라고 했습니다.

얼마 전에는 제법 잘되는 병원 원장님과 식사를 나누며 이야기를 한 적이 있었습니다. 간호사들 근무 문제 때문에 힘들다고 했습니다. 한 1년 정도 지나면 갑자기 해외여행을 간다고 사표를 내는 직원이 많다고 합니다. 실업급여가 직원들에게는 낙원이지만 기업과 경영자들에게는 힘들게 하는 원인이라는 생각이 듭니다.

최근 근로자들의 근무 형태가 쉽게 변하고 있습니다. 제가 운영하는 회사도 면접을 거친 후 인재라고 생각해 합격 통보를 하면 연락도 없이 나타나지 않아 황당한 경우가 많습니다. 못 다니겠다고 통보하는 것은 기본적인 예의입니다. 삼성과 같은 대기업에서도 입사 1년쯤 지나서 업무가 너무 힘들어 대학원 간다고 사표 쓰는 사원이 많다고 해당 임원이 저에게 이야기해 주었습니다. 이런 모습을 보며 정말 기업을 경영해야 할까, 고민을 많이 하게 된다고 합니다. 지금의 젊은이들은 몇 달만 사는 것이 아니라 앞으로 90세 이상까지 사는 세상이 되었습니다. 따라서 일생 동안 살아갈 자신만의 직업이 있어야 합니다.

요즘 취업 지원자들의 말과 생각을 어느 신문사가 정리한 적이 있습니다. 그들의 주된 생각은 복지가 어떠하냐, 월급이 얼마냐, 워라밸이 어떠하냐가 기준이라고 보도된 적이 있습니다. 기업은 신입 사원을 키워 회사 이익에 보탬이 되는 인재를 원하는데 막상 사원들은 이 의도와 완전히 다른 생각을 하는 것에 몹시 놀란 적이 있습니다. 오늘의 나의 생각과 말은 미래의 나라는 생각을 과연 했는지 궁금합니다.

성경은 말씀합니다. 게으르면 결국 거지가 되고, 부지런한 사람은 왕 앞에 선다고 말입니다. 며칠 전 한 직원과 대화했는데, 자신은 월급도 만족하고 분위기도 좋은데 업무량이 매월 똑같아 자신이 퇴보하는 것을 느껴 불안하다며 업무를 더 넓혀 달라고 했습니다. 젊은 사람으로서 당연히 요구할 내용이라고 생각해 일을 더 넓혀 주었습니다. 저는 그 직원을 보며 그래도 아직 대한민국은 희망이 있다는 생각을 해보았습니다.

성경에 여리고성을 정탐하러 갔던 사람들이 돌아와서, 그곳은 아낙 자손이 몸이 크고 강하며, 철 병거를 가진 곳이라 우리는 이제 망하게 되었다고 보고합니다. 그러자 온 백성이 모세를 원망하고 애굽으로 돌아가자며 울고불고 불평합니다.

이 소리를 들으신 하나님은 며칠이면 갈 거리인데도 이스라엘 백성들을 40년 동안 광야에서 고생시키고 한 세대 이상이 모두 사망한 후 가나안으로 들어가게 했습니다. 불평불만을 터뜨리고 말을 함부로 한 것치고는 너무 큰 대가였습니다. 불평하면 불평의 에너지가 온 세상에 퍼지고 그 사회를 망하게 합니다. 불평의 에너지 대신 긍정의 에너지가 직장 사회를 살려낸다고 생각합니다.

'네 생각과 말이 너의 가정과 직장과 너희 나라의 미래'라는 성경 말씀이 마음에 간곡하게 와 닿습니다. 그러므로 말과 행동과 생각을 주님 안에서 해야 합니다. 그래야 크리스천으로서의 삶이 반듯하게 될 것이라고 믿습니다.

감사합니다.

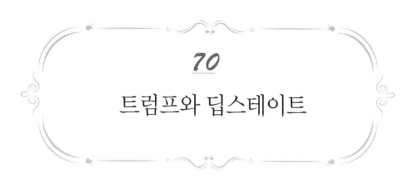

70
트럼프와 딥스테이트

우리 모두 하나님이 세우시고 경제적으로 발전시켜 주신 대한
민국을 위해 뜨겁게 기도했으면 합니다. 우리의 간절한 기도가
하늘 보좌를 움직여 어려움에 직면한 우리나라를 구해주실 것
이라 믿습니다.

오늘은 빠르게 변화하는 국제 정세를 바탕으로 미국의 정치를 살펴
보면서 그 속에서 섭리하시는 하나님의 역사를 짚어봤으면 합니다.

미국 정치가 트럼프 대통령을 중심으로 항상 화제가 되고 있습니다.
최근 러시아 스캔들로 트럼프 대통령 탄핵론이 2년도 넘게 세계 주요
뉴스가 되었습니다. 여기에 미국 언론들은 앞다투어 트럼프의 비행을
폭로하는 기사를 썼습니다.

그런데 막상 뮬러 특검 보고서 뚜껑을 열고 보니 트럼프의 러시아 스
캔들은 근거 없는 것으로 드러나 다시 한번 미국 정가가 발칵 뒤집혔습
니다. 아울러 이것을 조작한 사람들 명단이 뉴스로 덮이고 있습니다.

이와 함께 '딥스테이트'라는 이름이 지면 위에 계속 떠오르고 있습니
다. 딥스테이트는 예전에는 '그림자 정부'라고 불렸고 프리메이슨이라

고 칭해졌으며 음모론이라고도 불렸던 신비한 이름입니다.

그런데 최근 뉴스에 나오는 것을 보면 엄청난 조직임을 알 수 있습니다. 미연방은행을 통해 미국 경제를 움직이고 달러를 찍어내는 세계 최고의 힘을 가진 세력인 것으로 알려졌습니다. 또 미국 언론들을 장악하고 있으며 대통령을 비롯한 주요 요직에 민주당이나 공화당 어느 당이 와도 자신의 멤버들을 고위 공직에 앉힐 수 있는 파워를 갖고 있다고 합니다. 이들이 바로 세계단일정부를 세우려고 하는 글로벌 리스트들이라는 이야기도 들립니다.

이들은 록펠러재단과 로스차일드재단, JP모건 등 세계를 주름잡는 막강한 세력이며 중요 멤버인 소로스라는 인물은 수십조 원에 달하는 자신의 재산을 기부하여 인권운동을 하면서 동성애 등 반기독교적 윤리관을 전파하고 있습니다. 이처럼 세계를 움직이는 거대한 딥스테이트와 트럼프가 일전을 벌이고 있는 상황으로 전문가들은 해석합니다.

사실 이 모습은 다윗과 골리앗의 싸움입니다. 그러나 하나님이 함께하시면 이 거대한 전쟁에서 정통 복음주의가 승리할 것이라고 생각합니다. 마약과 동성애, 자유신학 등으로 우리에게 크게 실망을 안겨 주었던 미국이 정통 청교도 사상을 바탕으로 다시 건국 정신을 살릴 수 있는 가능성을 보이고 있기 때문입니다.

미국의 보수교회에서는 하나님이 함께하셔서 오바마 케어를 폐지해 666 짐승의 표로 연상되는 베리칩의 우려도 불식되길 기도하고 있습니다. 그래서 미국에서 크리스마스 캐럴이 살아나고 학교에서도 기도로 시작하고 성경을 가르칠 수 있길 기대하고 있습니다. 더 이상 정통 복음주의자들이 박해받지 않고 거리에서 노방 전도도 할 수 있는 미국이 되기를 기도해 봅니다.

저는 미국이 '하나님 나라의 영성을 되찾아 대한민국과 우방으로서의 관계를 더 돈독히 함으로 적대국의 위협으로부터 한국을 보호하고 지켜주실 것'을 간절히 기도하고 있습니다. 미국의 기독교 정체성이 살아나야 우리 대한민국도 그 영향을 크게 받기 때문입니다. 우리의 애국가 가사에 '하나님이 보우하사 우리나라 만세'가 있다는 사실을 다 같이 기억하면 좋겠습니다.

그래서 우리 모두 하나님이 세우시고 경제적으로 발전시켜 주신 대한민국을 위해 뜨겁게 기도했으면 합니다. 우리의 간절한 기도가 하늘 보좌를 움직여 어려움에 직면한 우리나라를 구해주실 것이라 믿습니다.

감사합니다.

"내 안에 거하라 나도 너희 안에 거하리라 가지가 포도나무에 붙어 있지 아니하면 스스로 열매를 맺을 수 없음같이 너희도 내 안에 있지 아니하면 그러하리라"(요한복음15:4)

참된 믿음 참된 신앙

71

삶의 질과 자족하는 신앙

삶의 여유와 질은 스스로에 대한 만족, 즉 자족에서 출발합니다.
그리고 이 모든 상황에 대한 자족은 기독교 신앙을 바탕으로 할
때 우리에게 깊은 깨달음을 주어 실천을 하도록 이끌어 줍니다.
신앙인의 얼굴이 늘 평화롭고 즐거운 이유이기도 합니다.

제가 다니는 헬스클럽에 구두 닦는 사람이 있습니다. 제법 오래전부
터 그를 보아 왔는데 그는 퀴퀴한 냄새가 나는 작은 공간에서 온종일
구두만 닦는 사람입니다. 그런데 신기하게도 그의 얼굴은 늘 환하고
밝습니다.

이 작고 답답한 곳에서도 늘 밝은 표정을 짓는 그분을 보고 의외라
고 여겨져서 '저분의 삶의 질은 얼마나 될까?' 하고 한번 생각해 보았
습니다. 그런데 그분에게는 스스로 삶의 질을 향상하는 그만의 방법이
있었습니다. 그는 틈만 나면 책을 읽었습니다. 그가 일하는 작은 공간
옆에 언제나 새로운 책이 놓여 있었습니다.

회사에서 독거노인을 모시고 경로잔치를 한 적이 있습니다. 춤추고
노래를 부르는 회사 직원들과 노인들의 얼굴에는 흐뭇하고 즐거운 모

습이 가득했습니다. 박봉의 직원들이지만 가난한 노인들에게 식사를 준비해 나누어 드리고 같이 즐겁게 어울리면서 행복해하는 모습이 무척 아름답다고 느껴졌습니다. 이들의 모습을 보면서 삶의 질이란 돈으로만 확보되는 것이 아니라 스스로 좋은 것을 찾아서 누릴 수 있는 여유라는 생각을 하게 되었습니다.

삶의 여유와 질은 스스로에 대한 만족, 즉 자족에서 출발합니다. 그리고 이 모든 상황에 대한 자족은 기독교 신앙을 바탕으로 할 때 우리에게 깊은 깨달음을 주어 실천을 하도록 이끌어 줍니다. 신앙인의 얼굴이 늘 평화롭고 즐거운 이유이기도 합니다.

사도 바울은 빌립보서를 통해 우리에게 자족하고 감사하는 삶을 가르쳤습니다. 그런데 이 교훈이 한가하고 여유롭게 지내는 상황에서 나온 고백이 아니라 치열한 선교 현장에서 핍박과 박해를 받는 위험한 상황에서 나온 메시지라는 사실에 주목할 필요가 있습니다.

바울은 다메섹 도상에서 예수님을 만나기 전까지 유대교 율법을 맹종하면서 기독교인을 비판하고 핍박하고 체포하고 죽이는 일에 온 열정을 다하던 사람이었습니다. 그러나 다메섹 도상에서 예수 그리스도와 극적으로 만남으로써 복음의 절대적인 의미와 중요성을 깨달아 자신의 삶과 존재 이유가 온전히 바뀌었습니다.

예수님을 만나기 전의 그는 비방자요 박해자요 폭행자였으나 예수님의 긍휼을 입고 변화한 뒤 모든 것에 감사하며 자족했던 것입니다. 바울이 이렇게 변한 것은 세상적인 욕망과 지식과 권력이 허망하다는 사실을 알게 되었기 때문입니다. 예수님을 만나고 난 후 자신이 처한 상황이나 환경과 상관없이 자족하는 삶의 비결을 신앙 안에서 깨닫고 배우게 되었던 것입니다.

그래서 바울은 결국 이렇게 고백합니다. "나는 비천에 처할 줄도 알고 풍부에 처할 줄도 알아 자족하는 일체의 비결을 배웠다. 그래서 내게 능력 주시는 자 안에서 내가 모든 것을 할 수 있다"라고 말입니다.

오늘 우리도 세상의 환경과 여러 주어진 상황 속에서 이리저리 휩쓸리며 힘들게 살아갈 때가 참 많습니다. 경제적 어려움도 있고 크고 작은 사건들에 얽혀 고통을 받곤 합니다. 도대체 이런 상황에서 우리가 어떻게 자족하며 또 기뻐하며 감사할 수 있을까요. 사실 쉽지 않습니다.

그런데 정답을 우리는 바울에게서 찾을 수 있습니다. 예수 그리스도만 바라보고 예수 그리스도만 섬기며 따르는 삶으로 신앙을 지키면서 기도할 때 우리는 모든 것에 자족하며 감사하는 삶을 살 수 있게 되리라 믿습니다.

감사합니다.

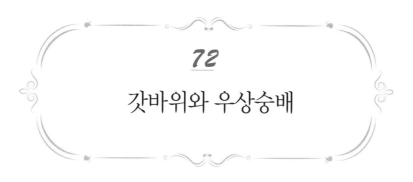

72

갓바위와 우상숭배

스포츠에 미쳐있는 사람, 물질에 목숨 건 사람, 광적으로 무엇
엔가 매여 있는 사람도 우상을 쫓아가고 있는 것입니다. 하나
님보다 더 사랑하는 것은 자칫 우상이 된다는 뜻입니다.

오래전 우리 회사 직원의 대구 상가(喪家)를 방문했을 때였습니다. 그
자리에서 얼마 전 회사를 퇴직하고 사업을 시작한 직원을 만났습니다.
반갑게 인사를 나누고 요즘 사업이 잘 되느냐고 안부를 물었습니다.

그러자 그는 처음 시작하는 사업이라 생각보다는 힘이 많이 든다고
했습니다. 회사에 있을 때 갖고 있던 거래처들이 자신을 도와줄 것 같
았는데 막상 퇴직한 후 거래처들을 찾아가니 잘 도와주지 않는다고 어
려움을 호소했습니다. 그에게 열심히 하면 점점 나아질 거라고 격려해
주었습니다.

그런데 그는 '마침 며칠 전에 사업도 힘들고 해서 대구 팔공산 갓바
위에 갔었는데 줄이 300여 미터나 늘어서 있기에 두 시간을 기다렸다
가 겨우 소원을 빌고 왔다'고 했습니다. 또 소원을 빌기 위해 사는 초

의 가격이 작은 것은 만 원, 큰 것은 오만 원인데 식구대로 불을 밝히려니 그 돈도 꽤 크더라고 했습니다. 그래도 갓바위에서 기도를 하면 그중의 한 가지는 들어준다고 하여 어떤 것을 먼저 빌어야 할지 망설였다고 합니다. 옆에 있던 한 분도 지난달에 매출 실적이 좋지 않아 전 직원을 데리고 갓바위에 가서 기도하고 왔다고 합니다. 참으로 어처구니없는 이야기로 들렸습니다.

대구에서는 아이들 입시 때마다 학부모들이 갓바위에 몰려가는 것이 보통 일이라고 합니다. 나는 '사람이 만든 돌덩이가 무슨 소원을 들어줄 수 있겠는가' 하고 반문해 보았습니다. 그래도 많은 사람들은 갓바위가 효험이 있다며 하루에 수천 명씩 다녀간다고 합니다. 여기에는 많이 배운 지성인이나 학력이 없는 분이나 상관없다고 합니다.

이렇게 갓바위에 소원을 비는 것은 기독교적 관점에서 보면 우상숭배에 해당됩니다. 하나님은 하나님 외에 다른 신을 섬기지 말라고 하셨습니다. 하나님이 창조주로서 유일신이시기 때문입니다.

인간은 창조 이후부터 어떤 형식으로든지 종교를 만들고 신을 만들고 각종 형상에 절을 하며 숭배해 왔습니다. 토속종교가 발달하지 않은 곳이 없습니다. 자신들이 섬기는 대상이 복을 가져다줄 것으로 믿었습니다. 그런데 하나님은 십계명에도 명시했지만 다른 것을 섬기는 그 행위를 싫어하시고 가증하게 여기십니다.

또 신앙인에게는 제사 문제가 크게 대두되곤 합니다. 유교적 전통의 한국은 조상을 모시는 제사를 중요시해왔는데 조상신에게 자신들이 잘되게 해달라고 비는 행위 역시 우상숭배로 간주되어 기독교가 금하는 것입니다.

아울러 우상숭배는 갓바위처럼 어떤 특별한 형체에 의미를 부여해 소원을 빌고 제사를 드리는 행위에 국한되지 않습니다. 요즘은 우리 주변에 너무나 많은 우상들이 자리 잡고 있습니다. 더 넓은 의미에서 보면 하나님보다 더 큰 가치와 의미를 부여하는 것도 우상숭배가 될 수 있다는 말입니다.

구체적으로 말한다면 개인마다 우상의 종류도 다양합니다. 자식에게 모든 걸 다 걸어놓고 사는 사람, 스포츠에 미쳐있는 사람, 물질에 목숨 건 사람, 광적으로 무엇엔가 매여 있는 사람도 우상을 쫓아가고 있는 것입니다. 하나님보다 더 사랑하는 것은 자칫 우상이 된다는 뜻입니다.

인간은 인생을 살아갈수록 공허하고 허탈해 자신을 의지하고 힘을 얻길 바라는 종교적 욕구가 있습니다. 그 욕구는 예수 그리스도를 통해 구원을 얻고 하나님을 만나면 참된 진리의 길로 이끌어질 수 있습니다. 그 길을 따라가면 하나님의 말씀 속에서 모든 정답을 찾을 수 있습니다.

감사합니다.

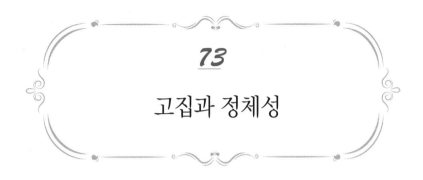

73

고집과 정체성

오직 성령의 인도를 받아 죽음을 무릅쓰고 태평양을 건넌 청년 선교사들의 헌신과 열정, 순교가 오늘의 대한민국을 이루었다는 정체성을 결코 잊어서는 안 된다는 것입니다.

오늘은 대인관계에서 쉽게 대두하여 갈등을 유발하는 고집과 정체성 이야기를 해보려고 합니다. 옛 속담에 '미련한 사람은 고집이 세다'는 말이 있습니다. 자신의 생각보다 더 좋은 의견이 나와도 끝까지 자기 의견을 고집하는 경우를 보고 하는 말입니다. 자기 생각만이 옳다고 끝까지 우기는 것입니다.

보통 이렇게 자기 의견을 주장하려면 깊은 식견과 지식이 바탕이 되어야 가능합니다. 지식이 적으면 사고의 유연성도 부족해 남의 것을 쉽게 받아들이지 못하는 것입니다. 보는 시야가 좁기 때문입니다.

사실 서로 상대방과 수준이 비슷하면 대화가 쉽습니다. 결론까지 이르기가 매우 빠릅니다. 생각의 방향과 목적이 같을 때 일이 훨씬 수월하게 이뤄지는 것입니다.

이런 점에서 개인이 가지고 있는 정체성이 매우 중요하다고 할 것입니다. 우리는 이것을 가치관이라 부르는데 과거의 자신의 기억과 지식에 근거합니다. 또 개인이 아닌 국가가 지닌 기억을 우리는 역사라고 합니다. 그렇다면 우리는 대한민국 국민으로서 또 신앙인으로서 분명한 정체성을 갖고 있는지 묻고 싶습니다.

이스라엘에는 민족 고유의 기억이 있습니다. 애굽에서 종노릇하던 때 하나님이 홍해 바다를 건너도록 구원해주신 은혜가 바로 그것입니다. 또한 광야에서 헤맬 때 구름 기둥과 불기둥으로 인도해 주시고 만나와 메추라기를 공급해 주시며 먹을 물을 주시고 젖과 꿀이 흐르는 가나안 땅을 주신 은혜도 있었습니다. 성경은 이것을 기억해 내어 하나님의 말씀에 순종하고 하나님만 섬길 것을 요구합니다.

저는 이런 점에서 우리 개인의 신앙도 마찬가지라고 생각합니다. 하나님의 보호와 도우심을 받고 큰 어려움을 이겨낸 사람은 신앙을 지키기 쉽습니다. 이 연단을 이겨낸 승리의 신앙인을 꼽으라면 저는 주저없이 손양원 목사님을 떠올립니다.

손양원 목사님은 자신의 두 아들이 공산당에 죽임을 당했음에도 오히려 아들을 죽인 자를 자신의 양아들로 삼았습니다. 그것만이 아닙니다. 감염을 무릅쓰고 한센병 환자들을 평생 돌봤고, 6·25 한국전쟁 중에 공산당에 순교당한 기록이 생생하게 남아 있습니다. 그래서 손 목사님을 일명 '사랑의 원자탄'이라 부르기도 합니다.

손양원 목사님은 하나님의 가르침을 확실히 자신의 정체성으로 만들고 그것을 실천한 분이십니다. 성경대로 믿고 따른 우직한 신앙의 실천가로 미련해서 고집이 센 것이 아니라, 자신의 주인이신 예수님의 명령을 자신보다 더 귀중하게 여긴 것이 삶으로 흘러나온 것입니다. 그것이 바로 신앙의 정체성으로 자리를 잡은 것입니다.

대한민국의 정체성도 바로 알아야 합니다. 기독교인인 이승만 대통령이 초대 대통령이 되어 건국한 대한민국은 수많은 선교사들이 한국에 들어와 교육과 의술, 문화를 심어 발전되어 오늘에 이르렀습니다. 오직 성령의 인도를 받아 죽음을 무릅쓰고 태평양을 건넌 청년 선교사들의 헌신과 열정, 순교가 오늘의 대한민국을 이루었다는 정체성을 결코 잊어서는 안 된다는 것입니다.

우리는 각자의 상황에서 분명한 정체성을 가질 때 그 정체성이 내 삶과 생각에 영향을 미치고 또 행동으로 이어지게 합니다. 우리 모두 신앙관과 국가관에 대해 거룩한 고집과 정체성을 가짐으로써 삶과 신앙에서 승리하기를 바랍니다.

감사합니다.

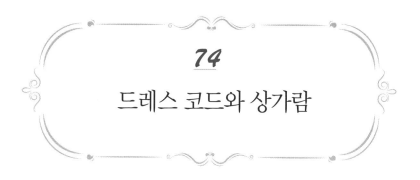

74
드레스 코드와 상가람

크리스천에겐 말과 옷차림, 행동 모두가 전도의 도구가 된다고 생각합니다. 이것을 기억한다면 개인 스스로 이 모든 것에 신경을 쓰지 않을 수 없습니다.

오늘은 기독교인의 옷차림을 주제로 이야기해 보려고 합니다. 오래전 뉴스에서 공무원들이 반바지 차림에 슬리퍼를 신고 출근하는 모습을 본 적이 있습니다. 간편 복장을 시범적으로 보인다는 뉴스였는데 공무를 보는 공무원에겐 어울리지 않는다는 생각이 들었습니다. 예전에 어떤 국회의원도 자유복으로 국회에서 인사하는 모습이 화제가 됐는데 산뜻해 보이지 않고 오히려 작의적인 느낌이 들었습니다.

미국의 새들백 교회 교인들은 청바지와 티셔츠 차림에 운동화나 슬리퍼를 신은 채 예배를 드립니다. 목사님도 복장이 비슷하며 마이크를 들고 이리저리 움직이며 설교하시는데, 그 모습 또한 왠지 이상해 보였습니다.

이것이 과연 좋은 모습, 좋은 태도일까 생각해 봅니다. 옷에는 품격이 있습니다. 그리고 이미지가 있습니다. 외국에선 행사나 모임에 '드레스 코드'를 미리 제시해 참석자들이 의상 준비를 할 수 있도록 도와줍니다. 정해진 모임과 장소에서 이런 옷을 입으라고 규정을 만들어 시행하는 것입니다.

A 코드로 세미나에 참석하라고 하면 정장을 입어야 하고 구두 색은 검은색이어야 한다든가, B 코드는 회의 시 넥타이 없이 정장 출근한다는 것 등입니다. 그래서 의복 예절에 대해 무척 신경을 쓰는 장면을 목격하곤 합니다.

한국도 예전 부모님들이 전통적으로 상가람, 중가람, 하가람을 정해 입었습니다. 상가람은 중요한 행사 때에 입는 옷으로 1년에 한두 번 정성껏 다림질하고 보관하다 입는 옷입니다. 중가람은 보통 외출 때, 하가람은 일할 때 입는 옷입니다. 옷도 예절을 갖춰서 입어야 합니다. 이것이 우리의 전통 예절입니다.

그런데 지금은 이런 개념이 점점 없어져 가고 있습니다. 얼마 전 어떤 청년은 근육을 자랑하려는지 교회에 민소매 셔츠를 입고 왔습니다. 어떤 여학생은 노출이 너무 심한 짧은 치마를 입고 다니기에 제가 조용히 타이른 적도 있습니다.

해외에 나가보면 한국 관광객들은 죄다 등산복을 입고 곳곳을 누빕니다. 편하다는 이유인 것 같은데 산이나 강이 아닌 도심지를 다니며 울긋불긋한 등산복과 등산화를 신고 다니는 모습은 좋아 보이지 않습니다. 외국인이 보면 매너가 없는 모습으로 비칠 수 있습니다. 물론 복장은 자유지만 기본적인 격은 맞추어야 할 것이라고 생각합니다.

옷은 사람의 품격을 나타내기에 때와 장소에 알맞게 입을 수 있도록 노력해야 합니다. 이런 점에서 그리스도인답게 차려 입는 옷은 어떠해야 할까 생각해 봅니다. 근엄하게만 입는 것이 정답일까요. 그렇지만은 않다고 생각합니다. 자신의 지성과 판단력으로 멋있고 품위 있는 옷을 입을 수 있어야 할 것입니다. 여기에 그리스도인의 자부심과 정체성을 항상 생각해야 한다고 여겨집니다.

크리스천에겐 말과 옷차림, 행동 모두가 전도의 도구가 된다고 생각합니다. 이것을 기억한다면 개인 스스로 이 모든 것에 신경을 쓰지 않을 수 없습니다.

그리스도인의 인격은 비싸고 멋진 옷보다 훨씬 더 아름답습니다. 그리스도인의 인격을 우리의 모습에 덧입히도록 노력했으면 합니다. 저는 바로 이것이 크리스천의 드레스 코드이자 기독교인의 상가람이라고 생각합니다.

감사합니다.

75

새로운 보호자와 두 번째 인생을

그런데 여기 이 치열한 인생을 살아가는 나침반이 있습니다. 그
것은 바로 성경입니다. 그리고 그 속에서 역사하시는 하나님이
바로 우리의 선장이시고, 지혜를 주시며 인생을 인도해 주시는
절대자이십니다.

오늘은 우리 인생에서 정말 필요하고 소중한 것이 무엇인지 함께 이
야기를 나누어 보고자 합니다. 인생을 전반기, 중반기, 후반기로 나누
어 보면 한 기가 대략 30년에 해당됩니다.

좋은 부모를 만나서 좋은 교육을 받으면 성공한 전반기가 되었다고
할 것입니다. 인생 전반기는 부모님의 온실 속입니다. 그래서 특별히 공
부를 잘하고, 좋은 대학을 나오고, 좋은 스펙을 가진 사람이 최고로
성공한 전반기 인생이라고 할 것입니다.

그러나 인생 중반기는 좀 다릅니다. 전반기에서 갖춘 스펙으로 인생
을 스스로 개척해 나가야 합니다. 예쁘고 아름다운 몸매를 자랑하던
여직원이 결혼을 하면 완전히 다른 사람으로 변신합니다. 임신을 하고
아이를 낳은 후 출산휴가를 마치고 회사에 출근하면 말씨나 태도도

처녀 때와 너무 다릅니다.

남자들도 아이를 양육하고 나서부터는 자신을 돈 버는 기계라고 자주 이야기합니다. 여자가 아기를 낳으면 남편은 둘째가 되고 아기가 여자의 주인이 된다고 합니다.

그래서 남자의 인생 중반기는 경제적인 뒷감당을 잘하는 남자가 멋있는 남자보다 훨씬 우위에 있습니다. 이 중반기가 시작되면 도움을 받던 부모를 오히려 부양해야 하고 인생의 모든 짐이 젊은 부부에게 돌아오지만 어디 기댈 언덕도 없습니다.

인생 전반기에서 배운 지식은 이제 옛 지식이 되었고 세상을 살아가는 지혜도 부족하고 의지할 데도 없어 외롭고 힘들다는 생각이 듭니다. 이때 많은 사람들이 좌절하고 우울증에 시달리곤 합니다.

희망과 꿈이 사라진 세대, 이것이 오늘의 우리 세대입니다. 지금 당장이 힘든데 어떻게 남은 인생 후반기까지 잘 살아갈 수 있을까 자신이 서지 않습니다.

그런데 여기 이 치열한 인생을 살아가는 나침반이 있습니다. 그것은 바로 성경입니다. 그리고 그 속에서 역사하시는 하나님이 바로 우리의 선장이시고, 지혜를 주시며 인생을 인도해 주시는 절대자이십니다.

인생 중반기부터 하나님을 믿지 않고 사는 사람은 정말로 용감한 사람이거나 미련한 사람입니다. 그 어려운 기업 경영을 보호자 없이 어떻게 할 것인지 또 어떻게 무한 경쟁을 이겨낼 것인지 의문스럽습니다. 하나님께 모든 것을 맡길 때 평안과 감사, 지혜가 보이기 때문입니다.

그래서 저는 누구에게나 최소한 인생 중반기부터는 새로운 보호자와 함께 시작하라고 권합니다. 하나님이 사랑하시고 보호해 주실 것이며 변함없이 지켜주실 것이라고 말입니다. 세상 모두가 변해도 오직 변치 않으실 하나님을 믿고 살라고 말입니다.

하나님은 "여호와를 경외하는 자에게는 견고한 의뢰가 있나니 그를 의지하는 자에게는 피난처가 있으리라. 그리고 여호와를 경외하는 것은 생명의 샘이라 사망의 그물에서 벗어나게 한다"라고 말씀해 주고 계십니다.

든든한 보호자와 함께 험난한 세상에서 새로운 항해를 시작해보시길 바랍니다. 그리고 그 귀한 신앙 유산을 우리 자식들에게도 나누어 주길 바랍니다. 그리하여 인생이 끝날 때까지 인생을 성공으로 이끄는 힘의 원천이 되게 합시다.

감사합니다.

76

그럼에도 불구하고 할 수 있다

이 가운데 신앙의 힘도 큰 도움이 되었습니다. 하나님이 저와 함께해주시고 힘을 주신다는 믿음은 어떤 어려움도 이겨내게 했습니다. 신앙은 제가 어떤 상황에서도 최선을 다하게 했던 원천이 되어 주었습니다.

요즘 젊은 사람들과 일을 같이 하다 보면 정말 많은 것을 배우게 됩니다. 우리가 젊었을 때와 비교하면 훨씬 더 똑똑하고 자기의 의사를 분명하게 표현할 뿐만 아니라 전문적인 지식에서도 놀라운 실력을 갖추고 있습니다.

젊은 사람들은 대부분 디지털 세대답게 컴퓨터 운용 능력은 기본이고 외국어도 영어를 비롯해 제2 외국어까지 능통하여 능력 면에서는 우리 아날로그 세대를 월등하게 뛰어넘는 것을 바라보게 됩니다.

반면 부족한 부분도 있습니다. 그것은 인내력입니다. 3분이면 완성되는 인스턴트 음식에 길들여진 젊은이들은 조금이라도 시간이 지체되는 것을 견디지 못해 끈기나 인내심과는 거리가 멀 수밖에 없습니다. 또 책임감도 부족합니다. 어려움을 당하게 되면 참고 견디며 그 역경을 극복하려고 하기보다는 쉽게 좌절하고 절망합니다. 일이 잘못되면 그것을 자신이 책임지고 수습하려 하기보다는 남의 탓을 하거나 변명하는 모습을 자주 볼 수 있습니다.

개인주의가 극도로 팽배한 세대를 살고 있는 그들이 회사보다 개인을 우선시하는 건 당연한 일인 것 같지만 회사를 운영하는 경영자 입장에서는 결코 환영할 만한 일이 아닙니다.

저는 회사를 운영하는 초기부터 '그럼에도 불구하고 해 보겠다'는 긍정적인 태도로 일관했습니다. 그런데 요즘 젊은이들은 '무엇 무엇 때문에 할 수 없다'는 말을 더 쉽게 하는 것이 참으로 아쉽습니다.

아무리 똑똑해도, "구슬이 서 말이라도 꿰어야 보배"라는 속담처럼 디지털 세대가 제 아무리 많아도 그것이 조직이라는 실에 꿰어져야만 비로소 제 몫을 할 수 있습니다. 즉 능력 있는 젊은 보배들을 꿰어서 그들의 능력이 회사를 위해 제대로 발휘될 수 있도록 하는 것이 바로 아날로그 세대들의 역할이 아닐까 생각해 봅니다.

저는 대학을 졸업한 후 ROTC 장교로 임관되어 최전방 철책선에서 40여 명의 소대원을 이끌고 얼마나 혹독하게 고생을 했던지 제대 후 직장 잡기가 하늘의 별 따기만큼 어려웠던 시절에 잘 살아남을 수 있었습니다.

제가 10년 동안 영업 사원으로 일하면서 언제나 목표를 달성할 수 있었던 것은 능력이 뛰어났기 때문이 아닙니다. 저는 어떤 어려운 환경과 고난이 다가와도 여건이 좋지 않아 할 수 없다고 포기했던 적이 한 번도 없었습니다. 어렵고 힘든 환경이지만 그럼에도 불구하고 "나는 할 수 있다."라고 나 자신을 북돋우며 몸으로 직접 부딪쳤습니다.

이 가운데 신앙의 힘도 큰 도움이 되었습니다. 하나님이 저와 함께해 주시고 힘을 주신다는 믿음은 어떤 어려움도 이겨내게 했습니다. 신앙은 제가 어떤 상황에서도 최선을 다하게 했던 원천이 되어 주었습니다.

저는 주변에서 어려운 환경에도 불구하고 자신이 목표했던 일은 끝까지 이루어낸 많은 사람을 잘 알고 있습니다. 많은 신앙의 지도자와 재벌, 정치인들 중 상당수가 젊었을 때의 가난과 고통에도 불구하고 목표를 이룬 사람들입니다. 그런 어려움이 있었기에 자신의 목표를 이루고 신앙적으로 더 성숙해질 수 있었다고 고백하곤 합니다. 고통과 어려움은 신앙과 삶을 성공으로 이끄는 자양분입니다.

감사합니다.

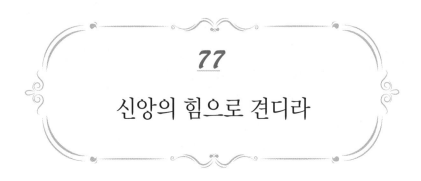

77

신앙의 힘으로 견디라

"우리 영혼이 새가 사냥꾼의 올무에서 벗어남같이 되었나니 올
무가 끊어지므로 우리가 벗어났도다 우리의 도움은 천지를 지
으신 여호와의 이름에 있도다."

오늘은 우리의 삶에서 다가오는 숱한 문제와 고통, 위기의 순간을
신앙이란 큰 힘으로 이겨내야 한다는 말씀을 드리고자 합니다.

우리는 2020년 새해가 들어서자마자 전 세계를 강타한 코로나19
우한 폐렴을 만났습니다. 이 엄청난 공포 앞에 인간이 얼마나 나약한
존재인가를 깊이 체험했을 것입니다. 그뿐만 아니라 이로 인해 얼마나
많은 사람들이 목숨을 잃고 직장을 잃고 고통을 받고 있는지 생생하
게 목격했습니다.

우리는 인생을 살면서 이렇게 숱한 위험과 공포, 어려움에 봉착합니
다. 기업을 경영하는 저만 해도 많은 문제와 위험에 부딪히게 됩니다.
소송 문제, 직원 문제, 인허가 문제 등등 수없이 많은 위험이 도사렸다
가 나타나곤 합니다.

그럴 때마다 뼈가 마르도록 고민하며 하나님께 매달리곤 했던 기억이 납니다. 돌이키면 하나님께서는 때에 따라 지혜를 주시고 돕는 자를 보내주셔서 위기를 넘게 하셨습니다. 그래서 항상 하나님의 손길을 느끼며 오늘의 회사가 있게 되었습니다.

한번은 큰 사건이 있었습니다. 공장에서 폭발 사고가 있었는데 특근 중이던 관리자 몇 명이 소화기로 급하게 불길을 잡을 수 있었습니다. 덕분에 큰 피해 없이 진화되었습니다. 만약 이 불길이 인근 인화성 있는 물질과 연결돼 공장을 덮쳤다면 우리 공장은 잿더미가 되어 회복 불능 상태가 되었을지 모릅니다.

이렇게 어려운 일들이 꼬리에 꼬리를 물고 일어나도 제겐 든든한 백, 하나님이 회사와 함께해 주신다는 믿음이 있었기에 직원들이 더욱 단결해 위기를 모두 이겨냈고 회사는 계속 발전할 수 있었습니다.

저는 회사를 운영하며 어려움이 올 때마다 시편 124편 7~8절 말씀을 기억하고 소리 내어 읽곤 합니다.

"우리 영혼이 새가 사냥꾼의 올무에서 벗어남같이 되었나니 올무가 끊어지므로 우리가 벗어났도다 우리의 도움은 천지를 지으신 여호와의 이름에 있도다."

이 시편 기자는 우리 인생을 올무에 걸린 새에 비유했습니다. 올무에 걸린 새는 자신의 힘으로 그곳을 벗어날 수 없습니다. 혼자 힘으로 어찌할 수 없는 포로 상태인 것입니다. 우리가 하나님을 전적으로 의지할 때 하나님은 우리를 위해 싸워 주신다고 믿습니다. 내가 싸우는 것이 아니라 하나님이 대신 싸워 주신다는 것입니다.

사탄의 올무가 노리는 것은 하나님이 아니라 바로 우리입니다. 우리가 올무에 걸리면 우리 스스로는 도저히 풀려나올 수 없기 때문에 하나님께 매달려야 하는 것입니다. 내 힘과 내 지식, 내 물질로 해결될 수 있는 것이 아님을 인정하고 기도해야 합니다. 사람에게 구하면 사람의 일이지만 하나님께 간구해 하나님이 일해 주시면 그것은 하나님의 일이되는 것입니다.

종교개혁자인 칼뱅은 "하나님의 힘만이 괴로움의 무거운 짐을 견디게 하고 우리를 굳건히 서게 할 것"이라고 말했습니다. 굴곡진 삶을 살다간 칼뱅이 세상의 올무에 걸릴 때마다 의지했던 것이 바로 '하나님의 힘', '신앙의 힘'이었던 것처럼 우리도 하나님만을 의지하며 긴 인생의 항해를 멋지게 해 나갔으면 합니다.

감사합니다.

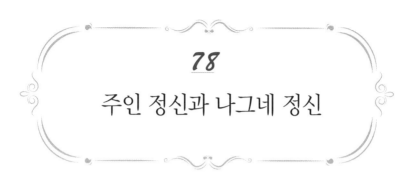

78
주인 정신과 나그네 정신

저는 "눈물 젖은 빵을 먹어보지 못한 사람은 인생을 논하지 말라"는 독일 대문호 괴테의 직언이 늘 마음에 와 닿습니다. 절실함을 느껴본 사람만이 절실하게 노력하게 됩니다.

오늘은 가정과 직장, 모임 등 늘 구성원에 둘러싸여 살아가는 우리가 스스로 속한 곳에서 주인 의식을 가져야 한다는 말씀을 드리고 싶습니다.

여러분은 독립 운동가였던 도산 안창호 선생을 잘 아실 것입니다. 그분은 어디서나 '주인 정신'을 강조함으로써 흩어졌던 하와이 교민들을 단결시켰고 독립운동 자금을 모금해 임시정부로 보냈습니다. 희망을 잃었던 교민들에게 자립할 용기를 심었으며 민족의 자긍심을 일깨웠습니다.

하루는 어떤 청년 교민이 안창호 선생에게 "여기에는 우리들을 이끌어갈 좋은 지도자가 없다"라며 한탄하자 도산 선생은 "당신이 바로 그 지도자가 되도록 노력하십시오"라고 말했다고 합니다.

'주인 정신'은 내가 모든 것을 책임지고 끝까지 최선을 다하는 정신입니다. 옛말에 "대감 집 마님은 좋은 것은 종들에게 시키고 수챗구멍은 본인이 뚫는다"라는 말이 있습니다. 궂은일이나 어려운 일은 주인마님이 직접 나서서 한다는 속담입니다. 궂은일을 다 내가 해야 한다면 당장은 손해 보는 것처럼 느껴지겠지만 그것이 결국 존경을 받는 '무형의 재산'이 됩니다.

직장인들은 자신이 하는 일이 힘들다고 생각합니다. 반복적인 것이 많아 의미 없는 것이라고 생각할 때가 많습니다. 그래서 자신에게 주어진 일만 하고 나머지 시간은 삶의 질을 높이는 데 쓰는 것이 현명한 직장 생활이라고 생각하는 사람이 많습니다.

그러나 우리는 직장 생활을 통해 사회를 알고 100세 시대를 살아갈 지혜와 방법을 배운다는 것을 알아야 합니다. 이때 배운 노하우, 즉 '무형의 재산'을 가지고 직접 기업을 일으키거나 직장에서 성공하는 경우가 많다는 것을 알아야 합니다.

제가 영업 사원으로 근무하면서 열심히 일했던 경험이 사업을 일으킨 원동력이었음을 기억합니다. 주어진 일에 '주인 정신'을 가지고 임하면 직장 상사뿐만 아니라 거래처, 부하 직원들에게도 존중을 받습니다. 그 성실함이 바로 세상을 살아가는 자신만의 무기가 되는 것입니다.

저는 "눈물 젖은 빵을 먹어보지 못한 사람은 인생을 논하지 말라"는 독일 대문호 괴테의 직언이 늘 마음에 와 닿습니다. 절실함을 느껴본 사람만이 절실하게 노력하게 됩니다.

자신에게 맡겨진 일에 주인 의식을 갖지 않고 마치 남의 일처럼 건성건성 하는 '나그네 정신'은 아무리 좋은 학식과 배경을 갖추고 있더라도 결국 긴 인생 경주에서는 승리하지 못하는 것을 발견합니다. 내가 주인이라고 생각하면 바닥의 쓰레기도 줍고 쓸데없이 켜져 있는 전등 하나도 끄게 됩니다.

이런 맥락에서 크리스천의 주인 정신은 더 고차원적입니다. 하나님을 우리의 주인이라고 고백했으며, 그 뜻대로 살기를 약속하고 신앙고백한 것을 기억해야 합니다.

하나님은 구약의 언약을 통해 순종하면 축복하고, 순종치 않으면 벌을 주겠다고 하십니다. 인간의 주인은 하나님이고 우리는 그의 어린 양이라는 상호 계약입니다. 그래서 하나님의 뜻대로 살아가야 하는 것이 우리 신앙인인 것입니다.

하나님의 뜻이 기록된 것이 성경 말씀입니다. 언제나 기도를 통해 하나님께 뜻을 묻고 말씀대로 살아가겠다고 다짐하는 것이 기독교인으로서의 주인 정신입니다. 어떻게 되겠지라고 하지 않고 스스로의 신앙 성장을 위해 늘 노력하는 우리 모두가 되었으면 합니다.

감사합니다.

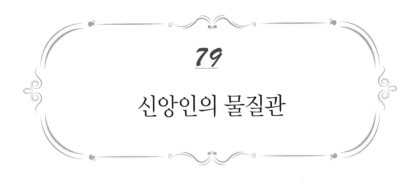

79

신앙인의 물질관

인간의 욕심은 끝이 없어서 하나님 앞에 더더 주십사고 외치기
만 하다가 정작 모든 것을 다 잃거나 건강을 잃고 나서야 후회
하는 모습을 자주 보게 됩니다.

어떤 부자가 있었습니다. 그는 "금년 농사도 대풍이니 많은 곡식을
저장할 큰 창고를 더 만들자. 이제 재산이 많으니 인생을 아주 즐겁고
안락하게 살아보자. 나는 남부러울 것이 없는 사람이다."라고 스스로
행복해하고 있었습니다. 바로 그때 하나님께서 그에게 이렇게 말씀하
셨습니다. "부자야, 내가 오늘 저녁 네 생명을 거두어가면 너의 많은 재
산은 누구의 것이냐?"

그리고 정말 부자는 그날 저녁에 죽었고 그 많은 재산은 아들에게
넘어갔습니다. 그 아들은 부자와는 아무 인연도 없는 여자와 결혼했고
그 재산은 며느리 것이 되었습니다. 이 내용은 수천 년 동안 내려온 유
대인의 물질관입니다.

유대인들은 며느리를 고를 때 제일 우선순위로 랍비의 자녀를 손꼽

고 있습니다. 랍비는 지금의 선생인데 이 가운데서 정신을 물질 위에 놓는 유대인들의 모습을 볼 수 있습니다. 그래서 유대인들은 노벨상의 30%를 수상한 민족이 되었습니다. 이 사례는 인생에서 행복의 잣대를 물질에 두고 있는 현대인에게 주는 분명한 교훈입니다.

저는 허튼 곳에 돈 쓰는 것을 싫어하고, 가족들에게도 사치를 하지 않도록 늘 강조하고 있습니다. 저의 집 생활비 역시 사원들 월급 인상률 이상으로 올리는 법이 없습니다.

제가 한창 사업을 할 때 아내는 아이들 옷이나 신발을 원하는 대로 사주기도 어려웠을뿐더러 아이들에게 강남에서는 모두 한다는 고액 과외를 한 번도 시킨 일이 없습니다.

고액 과외 대신 동네 학원을 다녔던 큰아들이 하루는 씩씩거리며 들어왔는데, 어떤 아이가 자신에게 "신발도 옷도 싸구려를 입는 친구"라고 해서 한바탕 싸우고 왔다고 했습니다. 또 그 아이는 큰 아파트에 살고 있고 부자라는 것을 자랑하면서 가난한 아이들과는 같이 놀지 않는다고 했다는 것입니다. 강남에서는 아파트 평수에 따라 아이들끼리 편을 가르며, 친구를 선택할 때도 집이 얼마나 부유한가를 본다고 합니다.

이날 아들이 그 친구를 때리는 바람에 그 아이의 어머니가 우리 집을 찾아 따지러 왔습니다. 아들을 보아 가난한 집인 줄 알았는데 큰 단독주택이자 어이없어 하면서 그냥 돌아갔다고 합니다. 아마 작은 집이었으면 일장 훈계를 했을 것이란 생각이 듭니다.

물질로 사람의 인격을 평가해서는 안 된다고 저는 아이들을 철저하게 교육해 왔습니다. 물질은 없으면 불편한 것이지 그것이 그 사람의 전부는 아닌 것입니다. 결코 물질로 사람을 평가해서는 안 됩니다.

그래서 저희 집 경제 교육은 물질을 바로 사용해야 하는 이유를 핵심에 놓고 실시합니다. 허세 없이 겸손한 마음가짐으로 물질을 사용하는 올바른 경제관을 강조하고 있습니다.

물질은 하늘로부터 잠시 위탁받아 집행하는 권한만 내게 있지, 결코 개인의 것이 아닙니다. 이것이 바로 미국을 건설한 청교도들의 개념이며 저의 기본 경제관이기도 합니다.

많은 사람들이 물질을 추구합니다. 하나님 앞에서도 물질을 간구합니다. 그리고 그 물질을 주시면 하나님 일을 더 하겠노라고 다짐합니다. 그러나 인간의 욕심은 끝이 없어서 하나님 앞에 더더 주십사고 외치기만 하다가 정작 모든 것을 다 잃거나 건강을 잃고 나서야 후회하는 모습을 자주 보게 됩니다.

내가 지금 가진 것이 하나님이 주신 최고라는 생각으로 모든 것에 감사하며 나눌 수 있는 우리 모두가 되면 좋겠습니다.

감사합니다.

80

신비한 인물 고레스 대왕

하나님이 고레스를 택하여 하나님 백성을 돌려보낸 것은 사실입니다. 하나님이 고레스를 하나님의 택한 자로 삼고 그를 통해 역사를 주관하셨다는 것은 부인할 수 없는 역사이자 사실입니다.

성경을 읽으면서 정말 신비롭고 이해하기 힘들다고 느꼈던 인물이 바로 고레스왕입니다. 페르시아의 왕인 고레스는 취임하자마자 포로가 된 유대 백성을 고향으로 돌려보내고, 바벨론 왕이 가져온 모든 금그릇, 은그릇 등 성전에서 쓰였던 보물들을 돌려보냈습니다.

또한 유대인들이 성전을 재건할 수 있도록 모든 편의를 제공하라는 칙령을 내리고, 마지막으로 유대인들이 믿는 여호와 하나님이야말로 참 신이라는 신앙고백을 합니다.

저는 이 성경 구절을 볼 때마다 믿어지지 않는 역사적 사실에 의아해합니다. 고레스왕은 유대교인도 아니고, 율법을 공부한 적도 없으며, 아무런 연고도 언급되어 있지 않은 이방인입니다. 그럼에도 여호와 하나님은 왜 그로 하여금 참 신이라는 고백을 하게 만들고, 경배케 하시며, 백성들을 해방시키게 하셨을까요. 무슨 설화나 신화 같은 느낌마저 듭니다.

그러나 고레스의 탄생과 그의 일생을 알아보면 그를 통해 하나님이 당신의 계획과 역사를 주관하고 계신다는 사실을 깨닫게 됩니다. 성경이야말로 하나님 말씀이라는 것을 또 한 번 확인할 수 있습니다.

이사야서에 '고레스를 통해 하나님이 백성을 해방시키신다'는 예언이 있었고, 그 시기는 70년 후가 될 것이라는 예레미야나 다니엘 등 다른 선지자들의 예언도 있었습니다. 고레스는 하나님이 택한 사람이며, 그의 페르시아 제국 탄생을 하나님이 도와주신다는 내용도 성경에 기록되어 있습니다.

고레스는 세력이 미미한 도시국가를 이끌고 대국인 바벨론을 공략해 대제국을 만들었습니다. 특히 그의 탄생 신화는 하나님의 역사하심을 그대로 나타냅니다.

고레스의 외조부는 왕이었습니다. 왕이 어느 날 꿈을 꾸었는데, 자신의 딸인 공주의 오줌이 온 아시아를 덮기에 술사들을 불러 해몽을 청했습니다. 술사는 딸의 아들이 반역해 왕의 자리를 빼앗고 온 아시아를 정복하는 대왕이 될 것이라고 했습니다. 이 이야기를 들은 왕은 반역을 막기 위해 딸을 보잘것없는 가문에 시집보냈습니다.

그리고 딸이 아들을 낳자 왕은 아들을 죽이기로 작정하고, 믿을 만한 신하에게 외손자를 살해하라고 지시했지만 신하는 차마 죽이지 못하고 양치기에게 위탁 양육을 맡긴 후 왕에겐 죽었다고 보고합니다. 이 아이가 바로 고레스입니다. 양치기의 아들로 크면서 자라 왕이 되고, 세력을 키워 바벨론을 무너뜨리며 페르시아의 대왕이 된 것입니다.

양치기 시절 친구였던 사람 중 하나가 유대인이었다는 설도 있고, 고레스왕이 보물 창고를 시찰하다 이사야서를 읽고 거기에 실린 예언 속 주인공이 자신이라는 생각에 감격해 유대인들을 해방시켰다는 설도 있습니다.

어떤 것이 맞는지는 모르나 하나님이 고레스를 택하여 하나님 백성을 돌려보낸 것은 사실입니다. 하나님이 고레스를 하나님의 택한 자로 삼고 그를 통해 역사를 주관하셨다는 것은 부인할 수 없는 역사이자 사실입니다.

하나님은 우리 모두가 지으신 목적대로 사용되길 원하고 계십니다. 그래서 그 목적을 알고 세상을 사는 사람은 행복합니다. 그 목적대로 쓰임을 받고 있다고 느낄 때 우리의 삶은 진정 보람 있고 가치 있는 것이 됩니다.

이방인 고레스를 들어 유대 민족을 구하신 하나님이 과연 한국에 있는 나를 통해서는 어떠한 일을 원하고 계신지를 찾아보는 우리 모두가 되었으면 좋겠습니다.

감사합니다.